프로부업러가 콕 짚어주는
디지털 부업 50가지

프로부업러가 콕 짚어주는 디지털 부업 50가지

초판 1쇄 펴낸날 2021년 8월 10일 ‖ 초판 5쇄 펴낸날 2023년 3월 20일

기획 · 구성 편집부 ‖ 글 김진영

펴낸곳 굿인포메이션 ‖ 펴낸이 정혜옥 ‖ 편집 연유나, 이은정 ‖ 영업 최문섭

출판등록 1999년 9월 1일 제1-2411호

사무실 04779 서울시 성동구 뚝섬로 1나길 5(헤이그라운드) 7층

전화 02)929-8153 ‖ 팩스 02)929-8164 ‖ E-mail goodinfobooks@naver.com

ISBN 979-11-975111-6-5 03320

■ 잘못된 책은 본사나 구입하신 서점에서 바꾸어 드립니다.

굿인포메이션(스쿨존, 스쿨존에듀)은 작가들의 투고를 기다립니다.
책 출간에 대한 문의는 이메일 goodinfobooks@naver.com으로 보내주세요.

프로부업러가 콕 짚어주는
디지털 부업 50가지

지금은 부업 전성시대

기획·구성 편집부
글 김진영

굿인포메이션

출구를 찾아서

나는 평범한 직장인이다. 남들이 보기엔 명색이 잡지 편집장이며 따박따박 월급을 받았다. 명문대를 나오지도 못했고, 부모로부터 유산을 얻지도 못한 나는 스스로 삶을 개척해야 했다. 특별한 재테크 능력도, 로또의 행운도 내게는 없었다. 그저 열심히 살았다. 인생은 배신의 연속이었고, 열심히라는 말이 무색하게 남은 건 카드값과 마이너스 통장뿐이었다. 몇 번의 실패 후 안정적 직장은 잡았지만 물가상승률을 따르지 못하는 월급은 커가는 아이들의 달라진 교육비 자릿수만큼이나 나를 압박해 왔다. 육아에 집중하던 아내도 함께 생계형 프리랜서에 생활비를 보태지만 나날이 늘어나는 빚들은 다 어디서 나타난 건지…. 다람쥐 쳇바퀴 같은 이 삶에서 벗어나야 했다.

불과 4년 전이다. 출구를 찾아 나오기 시작한 건 그리 오래되지 않았지만 그리 짧지도 않다. 여러 번의 시행착오를 거쳐 지금은 비교적 안정적인 부업러로 살아가고 있다. 대단한 사업을 하는 것도, 유명 유튜버나 인플루언서처럼 큰 돈을 버는 것도 아니지만 부업을 하며 시작된 삶의 변화는 경제적 여유를 시작으로 많은 부분을 변화시켰다. 부업을 하지 않고는 도저히 답이 없어서, 그 팍팍한 삶을 벗어나야 했기에 시작한 부업이 인생의 터닝포인트가 되었다. 살아가기 급급했던 인생이 주도하는 삶으로 변했기 때문이다.

시대는 자꾸 돈을 더 벌라 하는데, 세상은 더 빠르게 변한다. 플랫폼, 메타버스, 가상현실… 하루하루 변하는 세상을 따라가기도 벅찰 것 같다. 그러나 한 끗 차이라 했던가. 따라가기 벅찬 세상의 한 자락을 잡으면, 그만큼의 절박함으로 한 발만 내딛으면 길이 보인다. 위기는 곧 기회라고 했다. 위험에 잘 대처하고 활용하면 새로운 기회를 만들 수 있는 것이다. 위기의 상황에서 어떤 선택을 하느냐는 자신에게 달려 있다. 난세에 영웅이 나듯, 코로나19로 인한 세상의 급변화는 부업하기에 적절한 타이밍을 만들어내었다.

평생 부업을 해본 경험이 없어도 괜찮다. 부업을 할 수 있는 여유자금이 없어도 걱정할 것 없다. 비싼 임대료를 내야 하는 사무실 공간도 필요치 않다. 내가 움직이는 그곳이 내 사무실이다. 평소 사용하고 있는 컴퓨터와 핸드폰만 있어도 충분하다. 원하는 대로 시간과 장소도 조절할 수 있다. 내가 과연 부업을 잘할 수 있을까 걱정할 것도 없다. 나보다 먼저 부업을 시작한 선배에게 조금씩 배워가며 익히면 된다. 부업을 시작할 때 가장 중요한 요소는 부업을 하고자 하는 이유와 자신의 강한 의지다.

디지털 기기와 프로그램 활용에 빠르고 능숙한 2030세대가 보기에는 이 책이 그리 새롭게 보이지 않을 수 있다. 그러나 디지털이 마냥 어려운, 나이도 많은데 서툴러서 주눅이 드는 4060에겐 막연한 두려움을 극복하고 한 걸음 정도라도 나아가게 할 수는 있다. 그만큼 꼭 필요한 정보들을 담았고, 같은 세대로서의 절실함을 공유하고 있기 때문이다. 그 흔한 문상이나 편의점 포스기, 각종 페이 사용법도 모르던 필자가 부업을 통해 조금씩 성장하고 있는 것처럼 이 책을 읽는 디활못(디지털을 활용하지 못하는) 독자들이 '나도 배우면 충분히 할 수 있구나'라는 작은 자신감이라도 갖게 되기를 바란다.

책의 제목처럼 50가지 정도의 디지털 부업만 소개된 것 같지만 아니다. 부업하기 좋은 앱이나 플랫폼들을 많이 소개했기 때문에 그 안을 쪼개어 보면 그 수는 훨씬 많다. 네이버 블로그로 할 수 있는 부업만 해도 서평단, 체험단, 기자단, 공동구매, 인플루언서, 쿠팡 파트너스, 애드포스트, 블로그마켓 등 상당히 많다. 애니맨 앱만 해도 수십가지 부업거리가 들어 있다. 그 중 두세 가지 나에게 맞는 것을 찾아 하면 된다. 남들이 뭐한다 하면 초조해지고 부화뇌동하였다면 이제 그럴 필요가 없다. 어차피 다 할 수도 없고 사람마다 특성도 환경도 다르다. 또한 기사나 유튜브에 나와 있는 유명 부업러의 이야기가 아니라 우리 주변에 숨어있는 평범하지만 단단히 자리잡아가고 있는 이웃 부업러들도 여러명 소개했다. 그들 중 일부는 온라인 부업 세계에 발을 내디딘 지 1년 남짓이다. 적게는 30~40만원에서 많게는 월 수입 100만원 이상 번다. 인스타 0에서 시작해 1년 안에 5000 팔로워를 훌쩍 넘겨 온라인 부업 세계의 경이로움을 느끼는 이들이다. 이런 사례들은 그들이 하였다면 '나도 할 수 있다'는 자신감을 줄 것이다.

　중요한 것 딱 하나. '한달에 얼마 정도만 벌어보자!' 처음 시작할 때의 그 절실한 마음, 부업을 처음 시작할 때의 초심만 잃지 말자. 그것이 에너지낭비와 시간낭비를 줄이는 길이다. 무엇하나 확실하지 않은 상태에서 어영부영 여기 기웃 저기 기웃 하다 보면 시간 날리고 돈 날리는 경우도 많다. 자! 이제 즐거운 마음으로 부업거리를 찾아보자. 누가 알겠는가? 작게 시작한 부업이 본인만의 사업 발판이 될지, 또는 부업이 본업을 제끼고 미래의 본업이 될지, 사람일은 아무도 알 수 없는 것이다. 그저 절실함과 성실함만 장착하고 마음 가볍게 부업의 항해를 시작해 보자.

2021년 8월

Contents

chapter 1
지금은 부업 전성시대

chapter 2

디지털 부업 50가지

1. 디지털과 노동의 결합 – 플랫폼을 충분히 활용하자

2. SNS 활용— 지금은 브랜딩시대!

3. 숨겨진 재능을 팔아라!
– 소소한 능력으로 전문가가 될 수 있다

4. 누구나 할 수 있다! - 초간단 리워드

내가 움직이는 그곳이 내 사무실이다.
평소 사용하고 있는 컴퓨터와 핸드폰만 있어도 충분하다.
원하는 대로 시간과 장소도 조절할 수 있다.

1부

지금은
부업 전성시대

—

1 뜨거운 부업시장, 부업이 삶을 바꾼다

뜨거운 부업시장, 쳐다만 볼 것인가

몇 년 전부터 '부업'에 대한 이야기가 화제가 되기는 했지만 요즘처럼 뜨거운 적이 없었다. 특히 코로나19로 인한 불황이 깊어지면서 직장인들과 자영업자들의 불안감은 갈수록 커지고, 불투명한 미래를 대비하기 위한 타개책으로 '부업'을 시작하는 사람들이 우후죽순으로 늘어나고 있다. 여기에 시간과 장소를 초월해 언제, 어디서든 인터넷과 스마트폰만 가지고도 부업을 할 수 있는 다양한 '디지털 부업 플랫폼'까지 속출하면서 '본업' 말고 '부업'을 하는 '투잡' 외에 또 다른 '부업'을 하는 '쓰리잡' 그 이상의 멀티 부업을 하는 'N잡러'들까지 폭발적으로 증가하면서 N잡러는 이제 뉴노멀(새로운 표준)이 되어가고 있다.

구독자 154만명을 거느린 유명 유튜버 신사임당은 한국경제 TV 증권팀 PD로 170여 만원을 받는 직장인이었지만 주식, 부동산 임대업, 온라인쇼핑몰 등의 부업을 했고, 이를 기반으로 현재 유튜브 조회수만으로 월 8천만원을 포함 월 3억원을 버는 성공적인 N잡러가 되어 승승장구하고 있다.

〈이번 생은 N잡러〉의 저자 한승헌은 평범한 7년차 직장인이지만 작가, 강사, 디자이너, 크리에이터, 일러스트레이터로 부업을 하면서 연봉을 뛰어넘는 부수입을 얻고 있다. 휴먼브랜딩 전문기업 사람북닷컴의 대표이자 〈블로그 투잡됩니다〉의 저자이기도 한 박세인 대표는 현재 8살 아이를 키우는 육아맘으로서 보험판매와 화장품 방문판매 등 15가지 이상의 직업을 경험하고 우연한 기회에 블로그 마케팅을 배우면서 지난 10여 년간 1만명 이상을 가르치는 블로그 마케팅 강사이자 퍼스널 브랜딩 전문가로 자리잡았다.

유명인뿐 아니라 주식시장으로 몰리는 개미들이나 가상화폐에 올인하는 청년들의 이야기가 신문기사를 채운 지는 오래되었다. 이들의 이야기가 많은 사람들 사이에서 회자되는 것은 그만큼 직장이 아닌 곳에서 돈을 한 푼이라도 더 버는, 남들보다 더 많이 벌려는 사람들이 많다는 얘기다.

물론 부업은 유명한 N잡러에게만 해당되는 이야기는 아니다. 우리 회사 거래처 직원 P과장은 낮에는 직장에서 일하고, 퇴근 후에는 집에서 가까운 곳에서 친구와 같이 수제 맥주집을 하고 있다. 직장에서의 퇴근과 함께 곧바로 저녁 사장이 되는 바쁜 삶을 살고 있는 투잡러이다.

30대 초반의 직장인 L씨는 웹디자인 회사에 다니고 있었다. 부족한 월급을 채우기 위해 재능공유 플랫폼인 '크몽'을 통해 부업을 시작했다. 부업 일감이 본업만큼 많아지면서 퇴사하고 프리랜서가 되어 전 직장에서 받는 월급보다 3배 정도 많은 소득을 올리고 있다. 그는 일하는 장소에 얽매이지 않고 서울, 부산, 제주 등 전국 어디든 원하는 곳에서 마음껏 디자인을 한다. 고객들의 문의나 수정요청이 있으면 24시간 응대할 준비를 하고 있고, 일감이 너무 몰리는 날에는 밤을 새우기도 한다. 그래도 그는 프리랜서의 장점으로 언제든지 여행을 가고 싶을 때 가면서, 일한 만큼 돈을 벌 수 있다며 만족하고 있다.

부업러, N잡러들에 대한 성공스토리는 네이버, 다음과 같은 검색엔진이나 유튜브 등 SNS에서 검색하면 웬만한 자료들은 수도 없이 많이 나온다. 또한, 서점에 가면 부업하는 N잡러에 관한 책들로 넘쳐난다. 직장인이든 자영업자든 지금은 너도나도 한 가지 이상은 부업을 하는 부업 전성시대다. 이젠 디지털 부업이다. 디지털을 알아야만 다채로운 부업시장에 제대로 진입할 수 있다.

디지털 관련 업무와 문화를 너무도 쉽게 접근하고 간단하게 해치우는 젊은이들을 보며 위축될 수도 있다. 그러나 제아무리 디활못이라도 팽배해질대로 팽배해진 부업시장을 곁눈질만하며 쳐다보고만 있을 수는 없다. 부업, 특히 디지털 부업은 하나만 해보면 그동안의 망설임이 허탈할 수도 있다. 그래도 힘들다면 숨고나 크몽, 클래스101 등 각종 교육플랫폼들에서 쉽게 가르쳐주는 디지털튜터들을 찾아보자. 그저 관심과 배우려는 의지와 약간의 뻔뻔함만 있으면 된다. 지금은 세상의 변화에 질질 끌려가 뒤처질 것인지, 시대변화의 흐름을 타고 앞서나갈 것인지 선택해야 할 때이다.

변하는 세상에
발을 맞추자

정부의 '최저임금 인상'과 '주 52시간 근무제도' 정책 등은 기업과 자영업 종사자들에게 부담을 주고 있다. 기업주와 자영업자들은 인건비 등 각종 운영경비를 줄이고자 구조조정과 단축근무, 아웃소싱 등을 하면서 효율적인 경영을 모색하고 있다. 이로 인해 수입이 줄어들게 된 저임금 노동자들은 부족한 돈을 보충하기 위해 부업시장으로 내몰리고 있다. 그야말로 돈을 더 벌라고 등 떠미는 시대가 된 것이다.

특히, 코로나19 사태가 장기화되면서 본업 외에 부업을 가진 직장인과 자영업자들이 계속 늘어나는 추세다. 최근 취업 포털 잡코리아와 알바몬이 성인남녀 2,118명을 대상으로 모바일 설문조사(2021년 4월)를 진행해 보니 직장인과 아르바이트생 2명 중 1명이 현재 본업과 부업을 병행하는 것으로 알려졌다. 이는 2020년 10월 '직장인 N잡러 인식과 현황'에 대한 설문조사에서 30.3%의 응답자가 부업을 하고 있다고 답한 것과 비교하면 불과 6개월 만에 17% 정도 증가한 수치다.

통계청에 따르면 2020년 부업자는 40만7천여 명(임금근로자 28만 4천명, 자영업자 10만9천여 명)으로 집계되었다. 한국고용정보원에 의하면 우리나라 플랫폼 경제 종사자 54만여 명 중 절반에 가까운 약 46%가 투잡족인 것으로 알려졌으며, 알바몬이 조사한 자료에서도 중소기업 직장인의 41%가 본업 외에 아르바이트를 한다고 답했다.

대표적인 부업(투잡)으로는 대리운전 기사와 배달하는 라이더,

택배기사가 있다. 생활비와 용돈, 추가수입이 필요한 대학생과 취준생, 사회초년생부터 40~50대 가장까지 너도나도 대리운전 시장과 배달시장, 택배시장에 뛰어 들어가며 경쟁이 치열하다. 게다가 코로나19 여파로 아르바이트를 하려는 대학생들과 실직한 직장인, 폐업이나 매장운영에 어려움을 겪고 있는 자영업자들, 제조와 건설 분야에서 일하던 외국인, 그리고 새로운 부업을 찾는 일반인들까지 누구나 알고 있는 부업자리로 몰려들고 있는 것이다.

직장인이 부업을 하는 이유는 거의 대부분이 고용불안과 금전적인 이유 때문이다. 구직사이트인 잡코리아와 알바몬에 따르면 직장인의 85.8%(복수응답)가 '수익'을 얻기 위해서 부업을 시작했다고 답했다. 현재 자신이 받는 월급만으로는 생활하기 빠듯하기 때문이다. 그 다음으로는 남는 여유시간을 유익하게 사용하기 위해서라는 답변이 31.5%(복수응답)로 나왔다. 또 다른 취업 플랫폼인 사람인에 따르면 결혼이나 노후, 창업 준비 등을 위한 목돈마련과 취미와 적성을 살리기 위해 부업을 시작한 것으로 조사되었다.

이제 공무원을 제외하고는 철밥통 평생직장의 시대는 옛말이 되었다. 20세기 아날로그 시대에는 공간 개념의 '일자리'가 중요했다. 한번 회사에 입사해서 자리를 잡고 성실하게 일하면 퇴직할 때까지 평생 자리가 보장되며 매월 급여와 두둑한 퇴직금을 받으며 여유있게 살 수 있었다. 그러나 IMF와 글로벌 금융위기를 겪고, 21세기 디지털 기술의 발달과 더불어 4차 산업혁명 시대가 도래하자 더 이상 회사는 직원들의 자리를 보장해 줄 수 없게 되었고, 평생직장의 개념은 폐기되었다. 이제는 개개인이 다양한 일거리와 새로운 디지털 부업을 찾아 끊임없이 일하는 평생직업의 시대가 된 것이다. 더구나 코로나19 팬더믹의 영향으로 재택근무 확산과 비대면 온라인 영업이 증가함에 따라 인터넷과 스마트폰을 활용한 비대면 업무가 갈수록 대세가 되고 있다. 디지털 기술과 스마트폰의 발달에 힘입어 인터넷과 스마트폰만 활용할 줄 알면 누구나 온라인 플랫폼을 기반으로 일하는 디지털 노마드의 시대가 된 것이다. 이제는 한 가지가 아닌 두세 가지, 아니 그 이상의 다양한 일거리를 가지고 능력을 발휘하며 원하는 수익을 올릴 수 있는 N잡의 시대다.

코로나로 인한 비대면의 일상화는 온라인 디지털 플랫폼에서

콘텐츠나 서비스를 거래하려는 사람들로 북새통을 이룬다. 재능 공유 마켓인 크몽과 숨고 같은 디지털 플랫폼 시장에 진입해 일하는 플랫폼 노동자들이 점점 증가하고 있는 것만 보아도 알 수 있다. 운전, 배송, 청소 등 대면서비스를 제공하는 긱워커(Gig Worker)부터 IT, 디자인, SNS 미디어, 회계, 강의, 컨설팅 등 웹기반 기술과 콘텐츠로 수익을 창출하는 프리랜서까지 다양하다. 디지털 플랫폼을 통해 프리랜서가 되거나 N잡러로 활동하는 추세는 앞으로 더욱 늘어날 것이라고 전문가들은 말한다.

세상의 판은 완전히 바뀌었다. 더 바뀔 것이다. 춤을 출 때 리듬이 바뀌면 춤을 추는 스텝이 달라져야 하듯이 우리도 변화된 세상에 발을 맞춘 새로운 부업을 시작해야 한다. 코로나19로 달라진 시대에 맞게 이제 비대면 언택트 플랫폼을 중심으로 디지털 부업을 시작해야 한다. 어떤 디지털 부업이 자신에게 맞고, 같은 업종이라도 어떤 기업의 플랫폼이 자신의 취향과 비전, 가치와 능력에 어울리는지 따져보고 올바르게 선택하는 것이 무엇보다 중요해졌다.

부업은
보험이다

　당연한 말이지만 부업은 보험이다. 갑작스런 퇴직이나 폐업 등 본업을 계속할 수 없는 불가피한 상황이 닥치더라도 수입이 막히는 절망적 상황을 피할 수 있다는 일차적인 의미는 기본이다. 여기에 보험의 옵션처럼 부업에도 몇 가지 다른 의미들이 추가된다.

　우선, 본업 외에 부업으로 추가수익을 올리면서 전보다 한결 여유롭고 안정된 삶을 살 수 있다. 투잡이든 쓰리잡이든 부업을 하게 되면 지금의 수익 외에 추가수익이 발생하게 되니 매달 정해진 수입만으로 벅찼던 삶이 한결 여유로워지고 넉넉하게 된다. 매월 200만원 정도 수입이 들어온다고 가정해 보자. 뻔히 정해진 수입에서는 제한된 소비를 할 수밖에 없다. 의식주에 필요한 기본 경비를 쓰고 나면 늘 턱없이 부족하다. 카드라도 쓰면 통장에 언제 돈이 들어왔냐는 듯 곧바로 빠져나간다. 갑작스럽게 예기치 않은 경조사라도 발생하면 그달은 마이너스가 되고 이것이 누적되다 보면 빚은 눈덩이처럼 늘어만 간다. 결국 늘어나는 카드빚에 근심 걱정은 쌓여만 가고, 부채의 노예가 되기 쉽다.

　그러나 부업으로 약 50만원의 추가 수입이 발생한다고 가정해

보자. 단돈 10만원이어도 좋다. 예기치 않은 경조사나 사고 등으로 추가비용이 발생한다 해도 부업을 통해 얻은 수입으로 충분히 커버할 수 있게 된다. 여기에 좀더 여유가 생기면 미래를 위해 저축이나 다른 일에 재투자를 하며 만일의 경우를 대비할 수도 있을 것이다. 디지털 부업은 소소한 것부터 덩치 큰 것까지 할 수 있는 게 다양해 더 재미있다. 진입장벽도 낮다. 시작은 작아도 잘만 하면 눈덩이처럼 커지는 특징이 있다.

또한, 부업은 고용불안과 실직, 폐업의 두려움에서 자유로운 삶을 살 수 있게 해준다. 평생직장이라는 말은 사라지고, 평생직업이라는 말만 통하는 시대가 되었다. 평범한 직장인은 어렵사리 뚫고 입사한 직장에서 언제 잘릴지 모르는 불안감을 안고 살아간다. 자영업자도 인건비 상승, 임대료 인상, 물가 인상 등의 요인으로 언제 문을 닫을지 모르는 불안 속에서 하루하루 버티고 있다. 그러나 부업을 하면 이런 고용불안이나 실직에 대한 공포, 폐업의 두려움에서 벗어날 수 있다. 부업을 하고 있으면 어느 날 갑자기 회사가 부도나서 구조조정이 되더라도, 혹은 자영업을 하다가 문을 닫게 되더라도 조금은 덜 당황스럽다. 부업을 통해 버는 수입으로 기본 생활을 하면서도 또 다른 일을 알아볼 수 있는 시간적인 여유를 가질 수 있다. 새로운 직장이나 자영업으로 본업을 알아볼 때까지 부업을 더 열심히 한다면 수입도 어느 정도 보장되고, 새로운 본업을 준비할 때까지 심리적인 여유도 생길 수 있다.

뿐만 아니라 부업은 삶의 태도를 적극적이고 능동적으로 변하게 해준다. 부업을 하면 자신이 예전과 다르게 긍정적으로 변화되는 것을 느낄 수 있다. 부업을 하기 전에는 매월 정해진 월급만 손꼽아 기다리는 소극적이고 수동적인 삶을 살기 쉽다. 자신이 사장이 아니기 때문에 회사 사업이 잘되게 하거나 경영이익의 극대화를 위해 창의적인 노력을 기울이기가 쉽지 않다. 직원이기 때문에 적당히 일하고 시간만 때워도 월급은 받을 수 있다는 생각도 은연중에 가질 수 있다. 그러나 부업을 하게 되면 적극적이고 능동적인 삶을 살게 된다. 부업에서는 자신이 사장이기 때문이다. 어떻게 하면 추가수익을 올릴 수 있을지, 어떻게 하면 효율적인 경영을 할지 스스로 고민하며 연구하고 노력하게 된다. 이런 과정에서 삶에 대한 태도가 180도 달라진다. 자영업자의 경우도 부업을 하기 전보다 시간활용을 더 생산적으로 하게 되고, 전보다 더 적극적이고 능동적인 경영을 하게 된다. 이런 태도의 변화는 결국 자신이 현재 일하고 있는 본업에도 긍정적인 영향을 미치는 선순환의 효과까지 불러온다.

어떤 부업을 시작하든 이런 매력은 결국 당신의 삶을 긍정적으로 변화시켜 줄 것이다. 전보다 훨씬 더 여유로운 삶, 실직과 폐업으로부터 자유로운 삶, 희망찬 미래로 한 걸음 더 나아가게 해주는 원동력이 되어줄 것이다.

시작하지 않으면
변하는 건 없다

"김형, 나 은퇴하면 뭐 먹고 살아야 할까?"

무더위가 기승을 부리던 여름 어느 날, 종로에 있는 한 카페에서 시원한 아이스커피를 마시던 K가 불쑥 꺼내놓은 말이다. 50대 중반 직장인인 그는 나와 비슷한 일을 하고 있는 지인이다. 곧 닥칠 은퇴를 눈앞에 두고 있는 그는 요즘 자신의 은퇴 후를 생각하면 잠을 못 이루는 경우가 많다며 하소연했다. 아직 대학에 다니는 자녀들이 있는데다 연로한 어머니까지 모시고 있어 생활비가 만만치 않게 들어간다. 맞벌이를 하며 지금까지는 그런대로 잘 버텨왔지만 자신이 은퇴하면 수입이 급격히 줄어들기 때문에 생계를 어떻게 이어가야 할지 걱정이라고 했다. 4년 전 우리는 생계에 대한 막막함을 이렇게 함께 고민했다.

"김형, 요즘 뭐 부업하기 좋은 아이템 없을까?"

최근 같은 장소에서 다시 만난 그는 이렇게 말했다. 그때와 같은 주제로 대화를 나누게 되었지만, 현재의 그와 나는 전혀 다른 삶을 살고 있다. 결국 실행력의 차이다. 물론 K도 자신의 삶에 대해 문제의식을 느끼고 숱한 고민을 했다. 그러나 딱 거기까지였다. 부업에 대한 생각만 했을 뿐 행동으로 옮기지는 않았다. 반면 나는 똑같은 상황에서 부업을 하리라 결심하고 직접 실천에 옮겼다. 결국 실행력이라는 한 끗 차이가 나와 K의 삶을 180도 달라지게 만든 것이다. 실천한 자와 실천하지 않은 자의 삶은 처음에는 미미할 정도로 차이를 모르지만 시간이 갈수록 점차 격차가 벌어지게 되고, 나중에는 도저히 따라올 수 없는 초격차로까지 벌어지게 된다. 실행에 옮기는 자는 살아남고 성공하며 성장과 발전을 지속한다. 하지만 실행에 옮기지 않는 자는 정체와 퇴보를 반복하다가 패배하고 역사의 뒤안길로 사라지게 된다.

강한 실행력을 갖기 위해서는 삶에 대한 깊은 문제의식과 더불어 간절한 배고픔이 필수적이다. 진짜 굶주린 사자는 나무 밑이나 동굴 속에서 그저 생각만 한 채 엎드려 있지 않는다. 직접 몸을 일으켜 움직이고 먹을 것을 찾아 초원을 헤매고 다니며 사냥할 기회를 찾는다. 그러다 좋은 사냥감을 발견하면 죽기 살기로 사냥한 끝에 배부르게 먹고 만족해한다. 사자의 실행력이 결국 사자의 생명과 무리와 종족을 유지하는 중요한 원동력인 셈이다. 배고프다는 생각만 하다 정말 배고파 죽어가는 사자가 될 것인가? 아니면 먹잇감을 찾아 초원을 누비다가 포만감을 느끼는 사자가 될 것인가? 선택은 온전히 자신의 몫이다.

여기서 가장 경계해야 할 생각 중 하나는 나이에 대한 편견과 고정관념이다. "이 나이에 내가 무슨 부업이야?" "이 나이에 무슨 아르바이트야?" 하면서 부업이나 아르바이트를 하기에 너무 늦었다고 착각하는 것이다. 이런 착각이 굳어지면 결국 도전하지 못하고, 주저주저하다가 귀중한 시간만 보내게 된다. 이렇게 부업을 시작할 수 있는 골든타임을 놓치고 나서 훗날 언젠가 또다시 후회와 자책을 반복하게 된다. "아! 그때라도 시작했어야 했는데…" 하면서 말이다.

이런 착각의 기저에는 근본적으로 두려움이 깔려 있다. 첫째는 자신감 상실의 두려움이다. 스스로가 "나이가 많아서 부업을 잘할 자신이 없어" "남들처럼 특별한 재주가 없어" "내가 과연 잘할 수 있을까" 하는 생각들이다. 또 하나는 남들의 시선을 지나치게 의식하는 데서 오는 두려움이다. "남들이 아르바이트와 부업을 하는 나를 어떻게 생각할까?" "나이 들었다고 속으로 흉보는 것은 아닐까?" 하는 것들이다.

그러나 부업을 하기에 딱 좋은 나이라는 것이 과연 있기는 할까? 남들보다 이른 나이에 일찍 부업을 시작했다고 하더라도 경험과 준비 부족으로 실패할 수도 있다. 실패로 인해 자신감과 의욕이 상실되어 도중에 포기한다면 일찍 부업을 시작한 것이 도움이 되지 않을 수도 있다. 반대로 남들보다 늦은 나이에 부업을 시작했다고 하더라도 그동안 다양하고 풍부한 성공과 실패의 경험을 바탕으로 부업에 성공하여 더 나은 방향으로 나아갈 수도 있다. 부업하기에 딱 좋은 나이는 애당초 존재하지도 않는다. 오히려 부업하기에 가장 좋은 때는 "부업을 해야겠다"고 절실히 느끼는 바로 그 순간이다.

나는 2017년, 50살이란 적지 않은 나이에 편의점 아르바이트부터 시작했다. 이후 중고책 판매로 새로운 부업을 시작하면서 3년여 동안 자리를 잡을 수 있었다. 부업을 통해 준비되어 있었기 때문에 갑작스런 코로나19에도 당황하지 않고 침착하게 대응할 수 있었다. 지금은 쿠팡 파트너스를 비롯한 또 다른 디지털 부업까지 방향을 넓히고 있다.

부업을 하기에 너무 늦은 나이라는 것은 없다. 너무 늦었다는 핑계나 남들의 시선에 대한 두려움을 넘어설 수 있는, 부업을 꼭 해야만 하는 이유 한 가지만 있으면 누구나 부업을 시작할 수 있다. 부업, 지금도 늦지 않았다. 늦었다고 생각할 때가 가장 빠른 때다.

2 부업의 첫걸음 - 시작이 반이다

시작을

두려워 말자

4년 전 나는 애들 학원비라도 벌어볼 생각으로 부업 거리를 찾기 시작했다. 부업을 해본 경험도 없었고, 부업에 관한 정보도 제대로 몰랐던 나는 무작정 구직사이트를 검색하기 시작했다. 당장 할 수 있는 일이라고는 편의점 알바나 배달 라이더 정도였다. 안전성과 시간활용 등을 따져보고 나서 집에서 가까운 편의점 알바로 결정했다. 처음에는 계산대 포스기를 사용할 줄도 모르는데 잘할 수 있을까 걱정도 되었다. 무엇보다 50살이나 되는 아저씨를 써줄 사장님이 있을까 부정적인 생각이 들었다.

그러나 고민하고 염려한다고 문제가 해결되는 것이 아니었기에 곧장 편의점 사장에게 전화를 걸었다. 면접 후 사장은 뜻밖의 이야기를 해주었다. 통화로 느껴지는 열정과 성실성 덕에 채용을 결정했다며 며칠 동안 계산대 사용법도 친절하게 가르쳐주었는데, 그 덕에 나는 서서히 편의점 알바 일에 적응하며 첫 번째 부업을 시작할 수 있었다. 이때 얻은 경험과 자신감으로 몇 달 뒤에는 두 번째 부업인 중고책 사업에 도전하였고, 마찬가지로 두 번째 부업도 하나하나 배워가며 성공적으로 자리를 잡아갈 수 있었다.

이런 과정들을 통해 한 가지 중요한 사실을 깨달았다. 부업을 시작하기 전에 느끼는 막연한 두려움은 종이호랑이를 보고 겁을 먹는 것과 같은 것이라고. 직접 부딪혀 실행에 옮기기 전까지 막연한 두려움이 우리를 사로잡는다. 사람이 두려움에 사로잡히면 머리가 멍해지고, 손발이 마비된다. 부정적인 생각이 커지고, 시작하기도 전에 쉽게 포기하게 된다. 그러나 기억하자. 직접 부딪히기 전에 느끼는 두려움은 종이호랑이에 불과한 가짜라는 사실을. 용기를 내서 직접 도전하고 실행에 옮기면 두려움은 신기하게도 안개처럼 사라진다. 종이호랑이를 보고 두려워서 포기한다면 이보다 우스운 것이 있을까. 직접 부딪히기 전까지는 걱정을 미리

가불해 올 필요는 없으며, 막연한 두려움을 느껴 겁을 먹고 포기할 필요도 없다.

막연한 두려움을 느끼던 그때 나는 그냥 머물러 있기보다 할 수 있는 일을 한 가지 실천했다. 눈 딱 감고 전화를 걸었다. 그것이 바로 용기있는 실천이었고 도전이었다. 전화를 건 사소한 행동 하나가 작은 꿈을 이루기 위한 첫발이었다. 부업을 너무 거창하게 생각하고 미리 겁먹지 않았으면 좋겠다. 구직사이트나 앱을 클릭하거나 전화 한 통이라도 직접 걸어보자. 바로 그것이 당신의 멋진 꿈과 미래를 향한 첫발을 내딛는 것이다.

생각은 크게, 시작은 작게!

자, 이제 부업을 하기로 마음을 먹었다면 일단 먼저 시작해보자. 무슨 일이든지 시작이 중요하다. 아무리 멋진 계획과 꿈을 가지고 있더라도 시작하지 않으면 한낱 그림의 떡일 뿐이고, 뜬구름 잡는 이야기에 불과하다. 거듭 강조하지만 실제로 시작하는 것이 가장 중요하다. 마라톤 경기에서 골인지점에 도달하기 위해서는 먼저 첫발을 내딛는 것부터 시작해야 한다는 것과 같은 이치이다.

처음 일을 시작할 때 가져야 할 마음가짐이 있다. 생각은 크게 하되, 시작은 작게 하라는 것이다. 처음부터 너무 거창하게 시작해야 한다는 생각을 가지면 점점 마음의 부담을 갖게 된다. 그렇게 되면 중간에 포기하게 되고, 오래가지 못한다. 처음 부업을 시작할 때는 작은 것부터, 그리고 눈높이를 낮추고 가볍게 시작하는 것이 좋다. 예를 들어 처음 부업을 시작할 때 한 달 목표 수입금액을 월 10만원도 좋고, 혹은 30만원부터 시작해도 좋다. 월 10만원이면 웬만한 초보자라도 누구나 벌 수 있는 부담 없는 금액이기 때문에 목표를 달성하기도 쉽다. 이조차 부담이라면 월 1만원이라도 상관없다. 정말 그렇다. 극단적으로 말해서 부업을 처음 시작하는 부린이에게 월 1만원도 어렵게 느껴질 수 있다. 그렇다면 이런 사람은 월 1천원을 목표로 해도 좋고, 단돈 100원도 문제 되지 않는다.

이렇게 낮은 목표를 달성하는 것이 무슨 소용이냐며 반문할 수 있다. 겨우 10만원 벌어서, 겨우 1만원 벌어서 뭐 하려고? 지금 장난해? 그러나 이렇게 낮은 목표일지라도 목표를 달성하고 이루는 것이 중요하다. 작은 목표라도 계속해서 달성하다 보면 '할 수 있다'는 자신감도 생기고, 요령껏 할 수 있는 노하우까지 체득해서 점점 더 목표를 높여갈 수 있게 된다. 이런 경험과 노하우가 쌓이다 보면 어느새 자신도 모르게 높은 수준의 목표를 달성하게 되고, 그런 수준을 유지할 수 있는 충분한 능력도 생긴다. 새롭게 부업을 시작할 때 진짜 중요한 것은 돈의 액수가 아니라 '나도 할 수 있다'는 '자신감'과 지속적으로 할 수 있는 '꾸준함'이다.

부업에 대해서 아무 경험이 없는 사람이 처음부터 100만원 혹은 그 이상의 수입을 목표로 잡게 되면 성공보다 실패할 확률이 높아진다. 자신의 경험치와 능력보다 목표금액이 지나치게 크기 때문에 실패할 가능성이 많다는 것이다. 그런 실패가 거듭되다 보면 위축되고, 나중에는 자신감마저 상실되어 패배적인 사고방식에 젖어들게 된다. 그러므로 부업을 시작할 때 우선 눈높이를 낮추고 작은 목표부터 시작해 보자. 작지만, 그러나 확실한 성공의 경험은 자신에게 강력한 동기부여가 되어준다.

사례

팔로워 2,100으로 인스타그램에서 수월찮게 수입을 올리고 있는 다둥이 맘 S씨는 '시작은 작게 꿈은 크게'의 대표적 예다. 8세, 6세, 14개월 아이를 둔 평범한 주부였던 그는 막내의 산후조리와 함께 인스타를 시작해 1년이 채 지나지 않은 지금은 체험단, 공동구매까지 넓힌 매우 성공적 케이스다. 그녀에게 인스타는 삼남매의 일상과 육아과정을 인친들과 소통하며 교육과 육아에 대한 정보를 공유하고 서로 격려하는 곳이다. 팔로워가 1,000

을 넘으면서부터 들어오기 시작한 제품협찬은 지금은 식품, 육아용품, 생활용품으로 영역이 꽤 넓어졌고 네이버 블로그까지 현재 자리잡아가며 쿠팡 파트너스, 애드포스트까지 수익화하고 있다. 시작은 육아에 작은 도움이라도 되게 체험단 활동이라도 해보자는 아주 작은 목표에서 출발했으나, 육아맘들과의 찐소통을 통해 '오은영 박사 같은 육아의 고수가 되고 싶다'는 큰 꿈을 꾸며 자녀교육 관련 서포터즈 활동까지 활발히 하고 있다.

"애들만 키웠더라면 코로나 시기에 더 지쳤을 거예요. 온라인 세상에는 아이들을 키우면서 애용하는 제품을 소개해주는 것만으로도 부업이 되는

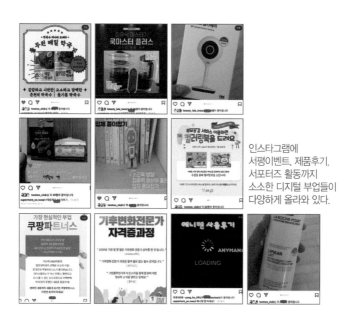

인스타그램에
서평이벤트, 제품후기,
서포터즈 활동까지
소소한 디지털 부업들이
다양하게 올라와 있다.

게 꽤 있어요. 아이들 샴푸나 바디워시 같은 건 솔직후기를 올려주는 대신 제품을 받고, 아이들 책의 서평이벤트는 책을 협찬받아요. 5천원짜리 문화 상품권이나 커피쿠폰을 받거나, 포인트 적립, 3만~5만원 등 원고료를 받기도 해요. 돈을 주고 구입해야 하는 것을 후기를 올려주고 무료로 제품으로 받으니 당연히 가계에 도움이 되지요."

하나만 하는 게 아니라 애드포스트, 쿠팡 파트너스 등 여러 개를 하다 보니 월 수입이 적지 않다. 집에서 3남매 육아를 하며 버는 수입치곤 꽤 높은 편이다.

"디지털 부업을 하다 보니 배우고 싶은 게 계속 늘어나요. 공부하는 것 자체가 저를 더 신바람나게 하기도 해요."

쿠팡 파트너스, 블로그 수익화 글쓰기 등은 수업료를 내고 배우기도 했다. S씨의 경우처럼 부업을 함으로써 생활에 더 활력이 생기는 일석삼조(활력+돈+공부)의 혜택을 누리는 경우는 디지털 부업 세계에서 빈번히 발견할 수 있다.

"뭔가를 알아가는 것도 재미있고, 외부에서 어떻게 저를 알고 의뢰를 해오는지 신기하고 좋아요. 무엇보다 나의 경험과 지식을 나눌 수 있고, 그런 것으로 부수입까지 발생한다는 게 감사할 따름이죠. 부모공감 서포터즈, MKYU 공식파트너즈, 마미 서포터즈 등 자녀교육과 디지털트랜스포메이션 할 수 있는 프로그램들을 제 인스타나 블로그에서 홍보해 주는 서포터즈 활동도 더불어 하고 있답니다."

실패에 대한
두려움을 극복하자

어떤 일이든지 새로 시작하려 할 때 우리를 방해하며 망설이게 만드는 것은 '실패에 대한 두려움'이다. '이 일을 하다가 실패하면 어떡하지?' '저 일을 하다가 망하는 것은 아닐까?' 하는 부정적인 생각이 꼬리에 꼬리를 물고 일어나면서 계속해서 망설인다. 이런 생각에 빠지면 실패에 대한 두려움 때문에 한 발짝도 내딛지 못하고 그 자리에서 머뭇거린다. 사업을 해서 성공도 하고 싶고, 돈을 많이 벌어서 멋진 삶을 살고 싶은 마음은 굴뚝같지만, 만약 실패하면 현재보다 더 가난한 삶을 살게 되지나 않을까, 더 어려운 삶을 살게 되지 않을까 걱정하고 염려하면서 시간만 낭비한다.

"안녕하세요? 거기 헌책 방문 수거하시는 곳 맞죠?"

어느 날 퇴근시간이었다. 회사 건물을 막 빠져나오는데 한 통의 전화가 걸려왔다. 내가 올린 블로그를 보고 헌책을 팔고 싶다고 연락이 온 것이다. 중고책 사업을 배우기 시작한 지 두 달 만에 처음으로 받은 전화라 살짝 설렘과 동시에 긴장이 되었다. "야! 드디어 전화를 받았어. 나도 이제 중고책 사업을 시작하는 사장이 된 거야!" 이 들뜬 마음이 모든 어긋남의 시작이었다. 초보이니 충분히 준비할 시간을 감안했어야 함에도 덜컥 당일 저녁방문 약속을 잡아버렸다. 집에 도착하자마자 박스와 카트 등을 차 트렁크에 싣고 곧바로 출발했다. 사업을 시작한 후 만나는 첫 번째 고객이었기 때문에 살짝 긴장도 되고 기대도 되었다. 30분쯤 지나 고객의 집을 방문하게 되었다. "여기 이 책들과 저기 쌓여 있는 책들이에요." 팔려고 내놓은 책들은 책장이 아닌 현관문 입구 쪽에 가지런히 쌓아놓은 상태였는데 밝지 않은 조명에 책들을 제대로 분간하기도 힘들었다. 무방비였던 나는 갑자기 생각이 마비되더니 "삼만원 정도 하겠는데요?" 하는 턱도 없는 수거 값을 제시하고야 말았다. 경험없는 생초짜의 말에 황당한 고객은 어이가 없다는 듯 팔지 않겠다 선언했다. 처음부터 실패했다는 부정적인 생각과 거절당했다는 부끄러움에 그곳을 도망치듯 빠져나왔다. 정말 쥐구멍이라도 있으면 숨고 싶었다. '그럼 그렇지!' 하는 절망적인 생각과 실패의식, 자책감 등이 꼬리에 꼬리를 물고 이어지자 자신감이 바닥을 쳤다.

　잠도 제대로 잘 수 없었다. 애초에 무모하게 도전한 것은 아닐까? 그냥 평범하게 직장인으로 살아가는 것이 내 체질과 운명이 아닐까? 여기서 빨리 포기하고 그만두는 것이 낫지 않을까? 수많은 생각을 했다. 그러나 시작한 지 얼마 되지 않아 쉽게 포기한다면 가족을 볼 면목이 없을 것 같았다. 부업을 하기 위해 투자했던

비싼 수강료와 그간 쏟아 부은 시간과 에너지가 너무나 아까웠다. '첫 술에 배부르랴?' 이제 시작인데 이렇게 포기하기에는 너무 이르다는 생각에 몇 번만 더 경험해 보자고 마음을 다독였다. 이때 한 가지 다짐을 했다. 3개월. 죽이 되든 밥이 되든 3개월 동안 미친 듯이 해보고 수익이 없으면 깨끗하게 그만두자고 결심한 것이다. 신기한 것은 이 작은 결심이 이 일에 매진할 수 있게 된 계기가 되었다. 집으로 돌아와 무엇이 잘못됐는지 곰곰이 생각해 보기로 했다. 고객의 전화를 받고 책의 종류와 권수, 구성과 연식, 책의 상태 등 책에 대한 정보를 꼼꼼히 체크하지 못한 점, 해당 중고책의 시세가 어떻게 되는지 충분한 조사와 비교 연구가 이루어지지 않은 점, 고객의 부정적 답변을 듣고 재고의 여지없이 쏜살같이 나와 버린 점 등 메모장에 꼼꼼히 기록했다. 그리고 나만의 매뉴얼을 만들었다.

첫날의 실패를 통해 부족한 점을 깨닫고 하나씩 보완해 나가자 조금씩 달라졌다. 고객의 집을 방문할 때마다 이 메모장을 수도 없이 열어보며 생각하고 매입에 임했고, 우여곡절 끝에 첫 번째 헌책 매입에 성공하자 '나도 할 수 있구나' 하는 자신감을 비로소 갖게 되었다.

인간은 신이 아니기에 완벽할 수 없다. 누구나 사업을 하거나 공부를 하면서 실패를 한 번씩은 경험할 수 있다. 그러나 자신이 어떤 생각을 가지고, 어떻게 반응하느냐에 따라 그 실패가 자신에게 도움이 되기도 하고 해가 되기도 한다. 실패를 긍정적으로 생각하면 보약이 될 수도 있고, 부정적으로 생각하면 독약이 될 수도 있다. 제대로 부업을 하기 위해서는 실패를 두려워해서는 안된다. 실패를 부담스러워하고 포기하지 말자. 누구나 한번은 겪을 수 있는 필연적인 과정으로 생각하고 긍정적으로 생각하자. 더 나아가 실패의 원인을 철저하게 분석하고 개선할 수 있는 전화위복의 기회로 이용하자. 굳게 닫힌 문이라도 두드려야 열리는 법이다. 지금 당장 어렵다고 겁부터 먹고 시도하지 않으면 정말 아무일도 일어나지 않는다.

3 부업도 디지털 - 온택트 세상이 열렸다

언택트와 온택트
그리고 셀피노믹스 시대

코로나19 이후 등장한 새로운 흐름으로 언택트와 온택트를 기억해야 한다. '사회적 거리두기'가 시작된 이후로 모든 조직과 기업과 국가가 비대면을 의미하는 '언택트(Untact)'에 주목하고 있다. 또 하나 물리적 거리가 멀어진 만큼 기업과 소비자 간 멀어진 심리적 거리감을 좁히기 위한 대안으로 온라인을 통한 외부와의 '연결(On)'을 의미하는 온택트 또한 중요한 용어이다.

언택트가 대세인 가운데 엔터테인먼트, 교육, 의료, 업무, 영화뿐 아니라 여행, 판매, 외식 등 소비 전반에 있어 디지털 온라인화가 급격하게 진행되고 있다. 줌을 통해 학교 수업과 업무 회의가 이루어지는가 하면, 오프라인에서 이루어지는 여행이나 공연 상품 대신 영상으로 보는 여행과 공연 상품이 등장했다. 문앞에 쌓이는 택배 상자와 배달 음식들은 전화나 TV가 아닌 인터넷과 스마트폰 앱에 낄린 각종 플랫폼을 통해서 주문과 결제, 배송이 이루어진다.

이제는 개인(Self)과 경제(Economics)를 합친 개념의 '셀피노믹스 시대'다. 엄청난 팔로워를 거느린 유명 유튜버나 인스타 같은 SNS 크리에이터들, 연예인 같은 일반인 '연반인' 등은 자신의 장점과 능력을 활용해 콘텐츠를 만들어서 수익화하며 소셜 인플루언서로 진화하고 있다. 이들은 해당 소셜 플랫폼에서 콘텐츠를 만들고 이들을 따르는 팔로워들의 숫자가 증가하면 관련 기업의 광고와 협찬 의뢰로 적지 않은 수익을 창출한다. 미국 마케팅 기업의 조사에 따르면 소셜 인플루언서 마케팅 시장 규모가 2016년 25억달러에서 2020년 100억달러로 4배 이상 성장한 것으로 알려졌다.

언제나 그렇듯 위기가 닥치면 한 번씩 듣는 말이 위험과 기회라는 말이다. 이번 코로나19의 위기도 마찬가지다. 누구에게는 코로나가 위험한 변수이고, 또 다른 누군가에게는 새로운 기회가 될 것이다. 변화된 시대의 흐름 속에서 준비하고 적응하지 못한 사람에게는 진정 위험이 될 것이고, 달라진 시대에 변화하고 적응하는 사람에게는 새로운 기회가 될 것이다. 달라진 환경 속에서 시대의 흐름을 읽고 언택트를 넘어 온택트 라이프 스타일로 무장할 때 위기를 슬기롭게 극복할 수 있을 것이다. 그러면 우리는 무엇을 어떻게 해서 언택트를 넘어 온택트 세상을 준비할 수 있을까?

블로그부터
시작하다

적당히 업무용으로 컴퓨터를 쓸 수는 있지만 나 역시 부업을 시작하기 전에는 네이버 블로그를 만들 줄도 몰랐다. 아니 네이버 블로그나 SNS 마케팅의 가치와 중요성에 대해 전혀 몰랐다고 하는 것이 더 정확한 표현이다. 그러나 중고책 판매를 본격적으로 하기 위해서는 나를 알리는 홍보를 해야 하는데 직장을 다니고 있는 상황에서는 네이버 블로그라도 할 수밖에 없었다. 그것이 수입과 직결되기 때문에 반드시 배워야 했다. 요즘에야 마음만 먹으면 블로그 개설부터 글쓰기, 등록까지 각종 재능 플랫폼들의 저렴한 강의나 무료 유튜브 영상에 책까지 종류도 다양하지만 내가 배울 때만 해도 돈을 내고 수강하는 방법밖엔 몰랐다. 처음 배울 때는 이해하기 어렵고 어색하고 서툴렀다. 옆에서 30대 청년이 능숙하게 하는 모습을 보면 부럽기도 하고, 열등감도 느껴졌다. 그러나 포기하지 않고 강사가 가르쳐주는 대로 하루하루 연습하고 또 연습하다 보니 어느 순간 '아 이렇게 하면 되는구나!' 하는 깨달음을 얻게 되었고, 자신감이 생겼다. 내가 만든 블로그가 네이버에서 검색이 되는 것이 신기했고, 신세계를 보는 듯한 느낌이었다.

난생처음 블로그를 만든 후 어느 날이었다. 내 블로그를 보고 전화를 건 고객이 등장했다. 떨리는 가슴을 진정시키며 고객과 간신히 통화하고 방문약속을 잡게 되었다. '이렇게 사업이 연결되는구나' 깨닫게 되면서부터 블로그를 하나씩 더 만들기 시작했다. 그러자 시간이 지나면서 생각지도 못한 이름 모를 고객들이 어디서 어떻게 알았는지 내 블로그를 보고 계속해서 연락을 해왔다.

저자 블로그와
중고책 부업 활동

소셜미디어의 확장성을 몸소 깨닫게 된 것이다. 이후부터는 네이버 블로그 만들기가 식은 죽 먹기가 되었다. 'SNS 마케팅 별거 아니네' '배우면 되는구나' 하는 생각이 들었고, 유튜브와 인스타그램도 배우게 되었다.

사실 아날로그 감성을 선호하는 나같은 중년에게는 무엇보다 블로그 작성 자체가 쉽지 않았다. 그러니 시작은 무조건 정성이었다. 블로그를 만들기 위해서는 어느 정도 글의 요지와 설명을 해줘야 한다. 사진도 반드시 찍어서 올려야 하며, 가급적 동영상과 지도 등을 첨부해 주는 것도 좋다. 글과 사진을 보기 좋고 읽기 쉽게 편집하는 작업 또한 필요하다. 물론, 어떤 이들은 단순히 메모 몇 줄과 사진 몇 장만 올리기도 한다. 이런 작업은 시간과 노력이 그다지 많이 필요하지 않다. 그러나 나는 고객의 입장에서 성의가 있어 보이도록 주제와 컨셉을 정해서 어느 정도 설명을 해주고 사진 등을 올려 편집했다. 초기에는 이런 블로그를 만드는 데 30분 이상 소요되었다. 그것도 날마다 조금씩 다른 내용으로 새롭게 쓰는 일은 더욱 쉽지 않은 일이었다. 평소 글을 잘 쓰지 않은 사람에게는 머리에 쥐가 나는 일로 느껴질 수도 있다. 그래서 매일 글을 쓰고 블로그를 올리는 사업자가 많지 않다. 다행히 나는 글 쓰는 일이 본업과 관련 있어서 블로그 쓰기는 그다지 큰 부담은 되지 않았다. 나의 강점을 최대한 살려서 블로그 마케팅을 하려고 애를

썼다.

　블로그를 쉽게 그리고 자주 쓰는 나만의 팁을 말한다면 최적화 블로그를 벤치마킹하는 것이다. 블로그를 검색했을 때 첫 페이지에, 그것도 상단에 가장 먼저 랭크되는 블로그 몇 개를 참고하는 것이다. 이런 블로그들은 왜 최적화가 되었는지 자세히 들여다보면 어느 정도 답이 나온다. 내 블로그와 비교해서 문제가 무엇인지, 무엇이 필요한지, 어떻게 해야 되는지 분석해서 최적화 블로그를 그대로 따라 해보는 것이다. 최적화 블로그에는 어느 정도 정해진 패턴과 공식이 있다. 예를 들어 키워드를 어떻게 쓰고, 사진은 몇 장을 썼는지, 글과 사진은 어떻게 배치하고 편집은 어떻게 했는지 등이다. 그리고 이런 블로그를 나처럼 매일은 아니더라도 사업 초기에는 적어도 이틀이나 사흘에 하나 정도는 만들도록 해야 한다. 이때도 다른 블로그 글을 참고하면 시간과 노력을 단축하고 더 많이 만들 수 있다.

SNS 홍보마케팅이
중요하다

　요즘 시대에 부업러가 되려면 기본적으로 다양한 소셜미디어를 적극적으로 활용하는 것이 좋다. 네이버 블로그 마케팅을 기본으로 활용해도 되지만, 페이스북이나 인스타그램, 틱톡, 유튜브, 카카오스토리, 네이버 밴드, 네이버 카페나 다음 카페 등 다른 SNS 등을 최대한 활용하여 마케팅을 진행하는 것이 효과가 극대화된다.

특히, 코로나19를 전후로 비대면 언택트와 디지털 온택트가 뉴노멀이 된 향후에는 SNS 마케팅을 하지 않으면 다른 사람들보다 뒤처질 수밖에 없을 것이고, 무엇보다 생존 자체가 힘들 것이다. 직장인과 자영업자들, 혹은 전업주부나 경단녀, 구직자 등이 부업에 성공하기 위해서는 전국에 있는 불특정 다수의 잠재고객을 상대로 효과적인 홍보를 해야 한다. 그러나 제한된 시간과 막대한 홍보비, 체력 등 다양한 어려움이 있기 때문에 생각보다 쉽지 않다. 따라서 이처럼 처음 부업을 하고자 하는 부업러에게 필요한 것이 바로 다양한 SNS를 활용한 홍보 마케팅이다. SNS 홍보마케팅은 홍보비용도 거의 들지 않을 뿐 아니라 시간과 공간을 뛰어넘어 언제 어디서든 자신의 브랜드와 자신의 부업을 알릴 수 있는 비대면 언택트와 디지털 온택트 시대에 맞는 가장 효과적인 홍보 마케팅 툴이다.

달라진 환경에 맞게 자신의 색깔을 바꾸는 카멜레온처럼 우리도 달라진 시대에 맞게 SNS 마케팅을 할 줄 아는 디지털형 인간으로 하루빨리 변화해야 한다. 이것이 소위 말하는 디지털 트랜스포메이션이다. SNS 마케팅을 배우고 실행한다면 눈앞에 새로운 신세계가 펼쳐지고, 어떤 위기 속에서도 살아남고 성공할 수 있다는 자신감으로 충만해질 것이다.

마음 먹고 시작하려고 해도 사실 어디서부터 어떻게 해야 할지 막막하고 때론 두렵기까지 하다. '유튜브나 인스타, 틱톡, 블로그는 20~30대 젊은 사람들이나 잘하지 나같이 나이 먹은 중장년은 쉽지 않아!'라고 생각할지 모른다. 두렵기 때문에 피하고 싶고 하기 싫어지고, 잘하는 사람들을 보면 주눅이 들기도 한다. 그러다 점점 더 위축되고 자신감마저 떨어져 아예 포기하기도 한다. 그러나 SNS 마케팅을 두려워할 필요 없다. 유튜브, 페이스북, 인스타그램, 틱톡, 네이버 블로그 등 소셜미디어는 사실 별거 아니다.

유튜브 구독자 수 88만명, 인스타 팔로워 7.5만명의 유명 유튜버 밀라논나는 70세 노익장이다. SNS 마케팅에 나이는 무관하다는 이야기다. 밀라논나가 유명인이라면 평범한 사업장도 얼마든지 SNS 마케팅으로 성공할 수 있다. 인스타에서 할머니 사진사로 유명한 J씨는 서울 광진구에서 20년 넘게 사진관을 운영해 왔다. 사진관 인근은 구청과 경찰서, 초·중·고, 먹자골목이 있는 좋은 상권이었으나 예전과 같은 필름사진의 인기가 떨어지는 것은 J씨 사진관도 피해갈 수 없었다. 2020년 3월부터 인스타 프로필에 '증명사진도 인생사진이 될 수 있다'는 슬로건을 내걸고, 사진 잘 찍는 법, 스튜디오 풍경, 작업과정 등 60세가 훌쩍 넘은 나이임에도 활달하고 상큼발랄한 모습으로 일상의 소소한 모습까지 인스타에 올리기 시작해 큰 인기를 끌고 있다. 가벼운 율동과 틱톡식 춤은 기본이다. 멀리서도 그를 보기 위해 원정을 올 정도이니 본업을 SNS에서 어떻게 홍보하고 마케팅하느냐에 따라 SNS를 활용하지 않을 때와 현격한 차이가 생기는 건 이제 당연한 시대가 되었다.

처음부터 배우지 않아서 모를 뿐이고, 익숙하지 않아서 서툰 것이다. SNS 마케팅을 배우는 것을 디지털 언어를 배운다고 생각하면 된다. 마치 어린아이가 말을 처음 배우듯 디지털 언어인 SNS를 하나씩 배우다 보면 어느새 일상적인 습관처럼 쉽게 SNS 마케팅 활동을 하는 자신을 발견하게 될 것이다.

중요한 것은 실천이고 꾸준한 반복이다. 오늘부터 SNS 마케팅을 하나씩 배우고 실천하고, 매일매일 반복해 보자. 정말 간절하게 배우고자 마음만 먹으면 배울 수 있는 루트는 어디든 다양하게 열려 있다. 직접 오프라인에서 배우기 어려운 여건이라면 네이버 블로그나 유튜브 동영상 강의, 줌 강의, 배달의민족이나 지자체 공공기관 등에서 열리는 온라인 강의, 각종 재능공유 플랫폼에서 이루어지는 강의나 PDF자료 등을 통해 다양한 정보와 마케팅 기법을 배울 수 있다.

디알못에서
디잘알로 거듭나기

세상은 하루가 다르게 급변하고 있다. 눈 뜨면 로블록스와 네이버 제페토 같은 메타버스 플랫폼이 생겨나고, 끊임없는 경쟁과 혁신으로 새로운 기술과 컨텐츠가 접목된 신종 직업들이 쏟아진다. 정신없이 소용돌이치는 세상에서 IT와 디지털에 익숙하지 않은 디알못 세대들은 당황스럽고, 두렵기까지 하다. 난공불락의 거대한 디지털 성벽 앞에 홀로 서 있는 1인으로 자포자기 하는 심정으로 이렇게 느낄 수 있다. "와, 디지털 부업? 진짜 어렵다. 나 같은 디알못은 안 되나봐!" 하지만, 무엇을, 언제, 어떻게, 어디서부터, 왜 시작해야 하는지 속시원하게 말해주고, 명쾌하게 해답을 제시해 주는 곳이 드물다. 가끔 디지털 전문가들이 나와서 강의하거나 서점에 나와 있는 책들을 통해 정보가 소개되긴 하지만, 4060 디알못에게는 뜬구름 잡는 이야기로 느껴질 수 있다.

그러나 정말 디알못들도 쉽고 빠르게 배울 수 있는 길은 없을까? 결론부터 말하면 해답도 있고, 길도 있다. 블로그가 뭔지도 모르는 블린이였던 내가 직접 해보니 가능했다. 부업을 시작하면서 블로그를 만드는 법을 알게 될 뿐 아니라 블로그를 활용해서 몇 년 동안 꾸준하게 수익을 낼 수 있었다. 코로나19 이후 디지털 부업을 시작하고자 쿠팡 파트너스에 도전해 작지만 꾸준하게 매월 수익을 내고 있으며, 책을 집필하면서 또 다른 디지털 부업을 펼쳐가고 있다. 퍼스널 브랜딩을 키워 사회적 영향력을 확대하기 위해 요즘은 틱톡과 인스타그램, 스마트폰으로 유튜브 편집까지 배우며 디지털 플랫폼들을 공략하기 위한 몸부림을 하고 있다. 앞으로 내가 어느 정도까지 진화하고 성장할지 기대가 된다.

나와 같은 디알못이라 해도 전혀 걱정할 것 없다. 사실을 겸허히 인정하고, 오늘부터 새로운 디지털 플랫폼과 SNS 마케팅을 배우고자 결심하면 된다. 시작이 반이다. 할까 말까 망설이지 말고, 오늘 지금부터 당장하기로 결심하면 이미 절반은 성공한 셈이다. 그런 다음 당신이 가장 하고 싶고, 배우고 싶은 한 가지 디지털 SNS 마케팅을 선택하고 배우자. 한꺼번에 여러가지를 배우려고 욕심을 부리지 말고 한 번에 하나씩 마스터하는 것이 좋다. 예를 들어 비교적 접근성이 쉽고 바로 활용할 수 있는 블로그나 인스타그램, 틱톡 중에서 자신에게 가장 끌리는 한 가지를 택해 재미있

게 시작하면 된다. 그것을 마스터하고 나면 또 다른 소셜 플랫폼을 배우고 익히면 된다. 하나의 소셜 마케팅툴을 배울 때는 일단 가볍고 즐겁게 시작하는 것이 중요하다. 그래야 지치지 않고 꾸준하게 지속적으로 할 수 있기 때문이다. 이런 식으로 하나씩 디지털 플랫폼과 소셜 마케팅툴을 배우고 자기 것으로 만들다보면 당신은 어느새 디알못에서 디잘알로 변해 있는 자신을 발견하고 놀랄 것이다.

4 부업의 경험치를 높여라

작은 성공을
맛보라

"그날 준비한 잼을 다 팔아서 나는 4파운드를 벌었다. 큰일을 해냈다는 성취감이 온몸 가득 차올랐다. 오렌지 몇 개와 설탕만 가지고서, 온전히 내 힘으로 돈을 번 것이다."

세계적인 잼 제조회사인 '슈퍼잼(Superjam)'을 키운 영국의 프레이저 도허티는 겨우 14살의 어린 나이에 회사를 창업했다. 그는 어느 날 할머니에게서 잼 제조법을 배운 뒤 슈퍼에 가서 2파운드를 주고 오렌지 몇 개와 설탕 한 봉지를 샀다. 그날 처음으로 혼자서 마멀레이드 몇 병을 만들었고, 동네 이웃들에게 팔아 4파운드를 벌었다. 최초 투자금의 2배의 수익을 올린 작은 성공으로 용기를 얻게 된 그는 18살에 최연소 납품업체 사장이 되었고, 이제는전 세계 대형마트와 슈퍼마켓에 '슈퍼잼'을 공급하는 세계적인회사의 리더이자, 창업을 꿈꾸는 사람들에게 훌륭한 멘토가 되었다. 큰 성공이 있기 위해서는 작은 성공들이 바탕이 된다.

나의 부업도 다르지 않았다. 블로그 마케팅을 배운 후 블로그를 한 달 정도 꾸준히 올리기 시작한 어느 날 한 고객이 내 블로그를 보고 '헌책을 팔고 싶다'고 연락해 왔다. '설마 했는데 진짜 연락이 오다니! 대~박!' 평생 사업을 해본 적이 없어 이런 일을 처음겪는 나는 신세계를 발견한 사람처럼 무척 신기하고 놀라웠다. 처음에는 '어쩌다 운이 좋아서 걸려온 전화가 아닐까?' 하는 생각도들었다. 그러나 이후 또 다른 고객의 전화를 계속 받으면서 '과연될까?' 하던 의심은 '진짜 되는구나!'라는 확신으로 바뀌게 되었다. 뿐만이 아니었다. 이번에는 방문 매입해서 사온 책들을 판매하는 것이 문제였다. 하루 이틀 지나도 책을 사겠다고 구매신청을해온 사람이 없어 초조해졌다. 불안감이 커져만 가던 어느 날 한고객이 온라인마켓에서 내 책을 사겠다고 주문신청을 한 것이다.
"와우! 이럴 수가!" 난생처음 사업을 시작해 첫 매출을 올린 감동적인 순간이었다. 나는 뛸 듯이 기뻐 어쩔 줄을 몰랐다. 드디어 고객의 인정을 받으며 공식적인 사업가로서 첫발을 내딛게 된 것이다. 처음 배우기 시작한 일이 성공으로 이어지자 '나도 정말 할 수 있구나!' 하는 자신감이 생겼다.

부업을 시작하면서 처음에 작은 성공을 이루는 것이 중요하다. 작은 성공을 발판 삼아 계단식으로 밟고 올라가다 보면 마침내 부업은 일상 속에 자연스럽게 스며들게 되기 때문이다. 일상 속에서 작은 성공 하나하나가 모이다 보면 중간 정도의 성공으로 이어지고, 중간 정도의 성공이 쌓이면 마침내 거대한 성공으로 나타나게 된다. 그러므로 처음부터 너무 큰 성공을 욕심부리지 않아야 한다. 성급하고, 지나친 욕심이 때로는 큰 화를 불러올 수도 있다. 또한 처음부터 너무 큰 성공을 기대하면 작은 성공을 이루어도 만족할 줄 모르고, 감사할 줄 모른다. 어렵사리 작은 성공을 이루어도 그냥 당연하다고 생각할 수도 있다.

작은 성공을 가치있고, 소중하게 생각하며 감사하고, 만족할 줄 아는 삶의 태도는 너무도 중요하다. 어떤 부업을 하든지 그 일을 하면서 작은 성공을 맛보는 것이 중요하다. 작은 성공을 이루었다면 그것에 만족하고 기뻐하자. 거기서 자신감을 얻고 더 큰 성공으로 나아갈 수 있는 힘과 용기를 얻고 더욱 분발할 수 있을 것이다. 작은 성공을 발판 삼아 한 계단씩 올라가다 보면 마침내 목표하는 정상 꼭대기에 도달해 있는 자신을 발견할 수 있을 것이다.

작은 실천부터
시작하자

개인의 행복과 성공에 대해 과학적으로 연구하는 임상심리학자 로버트 마우어는 〈아주 작은 반복의 힘〉이란 책에서 스몰 스텝의 전략이 얼마나 많은 사람의 인생을 바꾸어 놓았는지 강조하고 있다. "매일 소파에서 뒹굴던 사람이 매일 1분 동안 서 있을 수 있다면 획기적인 변화가 아닌가? 이렇게 헛웃음이 나올 정도로 아주 작게 시작하고 반복하라. 매일 조금씩 바꿔나가라. 종국에는 큰 변화가 일어난다. 하루에 하나씩 작은 것부터 바꿔나가라. 그렇게 해야 지속할 수 있다."

작심삼일에 그치게 되는 새해의 결심들을 생각해 보자. 다이어트, 금연, 독서… 처음 며칠은 의욕적으로 시작하지만 얼마 못 가서 이전의 모습으로 돌아가는 자신을 발견하고 우울해진다. 이런 실패를 반복하지 않기 위해서는 처음부터 목표를 낮추어 잡는 것이 중요하다. 한 걸음씩 실천할 수 있는 지속 가능하고 현실적인 목표를 잡고 꾸준히 실천하는 것이다. '1년 동안 책 100권을 읽겠다'는 거창한 목표보다 '매일 책 1페이지씩 읽기'라는 부담없는 목표를 정하고 꾸준히 실천하는 것이다. "올해는 살을 10kg 이상 빼겠어!"보다 "이번 달에 500g 다이어트 하자"는 낮은 목표를 잡고 '식사 후 산책 30분 하기' 혹은 '1주일에 2, 3회 10분 운동하기' 같은 비교적 쉽고 지속가능한 실천을 꾸준히 반복하는 것이다.

이럴 때는 자투리시간을 투자해 꾸준하게 모아 용돈벌이를 할 수 있는 부업도 좋다. 온라인 설문조사(엠브레인, 패널나우, 서베이링크, 한국리서치) 혹은 앱을 다운받거나 광고를 시청하고 글을 올리면 그에 대한 보상으로 리워드 서비스를 캐시로 지급해 주는 앱테크(캐시워크, 캐시닥, 캐시피드, 캐시미션) 등을 활용해 보자. 뮤직캐시를 다운받아 음악만 들어도 캐시가 자동으로 적립된다.

나는 매일 지하철을 타고 출근하면서 30분 정도 신문을 읽곤

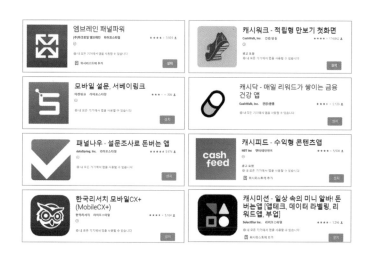

했다. 그러나 독서시간을 따로 확보하지 못해 신문은 쉬는 시간에 보기로 하고, 출근시간에 신문 대신 책을 읽기로 결심했다. 그러자 최소 한 달에 1권 정도의 책을 읽게 되었고, 1년에 최소한 12권 이상의 독서를 할 수 있게 되었다. 덕분에 유명 작가의 베스트셀러를 읽었다는 만족감도 갖게 되었고, 주옥같은 글들을 보고 밑줄을 쳐가며 감동받을 수 있었다. 요즘엔 이렇게 읽은 책들 사진과 글, 동영상을 인스타그램에 올리면 전혀 몰랐던 사람들이 찾아와 좋아요를 눌러주고 맞팔로 인친까지 만들어주며 재밌는 디지털 세상을 경험하고 있다.

이처럼 작은 성공을 맛보기 위해서는 실현 가능한 목표를 구체적으로 잡고 지속적으로 실천하는 것이 중요하다. 아무리 목표를 멋지게 설정해 놓았다고 하더라도 꾸준히 실천하지 않으면 성공할 확률보다 실패할 가능성이 많다. 자신의 역량과 형편과 수준에 맞는 현실적인 목표와 지속 가능한 실천을 하자. 그렇게 하면 작은 성공을 경험하고, 자신감을 얻어 더 큰 성공을 습관처럼 맛보게 된다. 결국 작은 성공을 맛보는 사람이 마침내 성공하는 멋진 부업러가 되는 것이다.

시간과 돈을
투자하라

어떤 일을 새롭게 시작하기 위해서는 그 일을 배우고 익히는 데 필요한 시간과 돈, 에너지 등이 반드시 투자되어야 한다. 세상에 공짜는 없고, 노력 없이 거저 되는 일은 아무것도 없다. 투자(input)가 있어야 결과물(output)이 나오는 법이다. 대학을 졸업하고 직장에 들어가기 위해서도 최소 4년 동안의 시간과 자격증을 비롯한 다양한 스펙, 그리고 수천만원의 학비와 생활비 등이 소요된다. 요즘 핫한 무인(스터디)카페나 무인매장 사업을 시작하려고 해도 프랜차이즈 가맹비나 매장 임대비, 자동판매기 및 공기청정기 등 운영시설 관련 부대비용이 필요하고, 무인매장 운영 및 관리에 대한 노하우를 익히는 시간과 노력 등이 기본적으로 필요하다. 아무런 투자 없이 어떤 결과를 바라는 것은 요행을 바라는 것이다. 쿠팡 파트너스 튜터 정과장은 자신에게 맞는 부업을 배우기 위해 1천만원 이상의 비용을 투자하면서까지 노력했다고 한다. 어떤 노력도 하지 않고 목적을 달성하려는 것은 공부도 하지 않고 우등생이 되려는 것처럼 헛된 욕심이다. 성공적인 부업러가 되기 위해서는 최소한의 비용과 시간을 아낌없이 투자하자.

부업을 처음 시작하는 부린이라면 어디서부터 어떻게 시작할

지 막막할 것이다. 하루가 멀다 하고 신기술과 신상품이 쏟아져 나오는 급변하는 세상 속에서 아무것도 모르는 부린이가 혼자서 사업에 필요한 모든 것을 알아보고 준비하려면 시간과 비용의 대가가 너무나 크다. 가장 확실하고 빠른 길은 이미 각 분야에서 실력이 검증된 전문가들로부터 배우는 것이다. 다행히 요즘은 인터넷과 스마트폰만 있으면 언제 어디서든지 배울 수 있는 곳이 많기 때문에 유료 혹은 무료로 온라인 강의를 듣는 것을 추천한다. 유료로 들을 수 있는 곳은 클래스101, 탈잉, 크몽, Fast Campus, MKYU 등이 있으며, 금전적인 부담이 있다면 무료로 들을 수 있는 네이버 파트너스퀘어나 배달의민족(배민) 아카데미를 활용해도 좋다.

네이버 파트너스퀘어의 경우 코로나 이전에는 서울과 부산, 광주 등에서 오프라인 중심으로 교육이 이루어져 왔으나 최근 코로나로 인한 사회적 거리두기가 강화되면서 온라

인 교육이 권장되고 있다. 수강자는 파트너스퀘어 TV를 통해 Live 혹은 녹화 동영상 강의를 듣는다. 스마트스토어 창업부터 사업계획서 작성방법, 상세페이지 만들기, 효과적인 검색광고 사용법, 쇼핑 라이브 시작하기, 클로바더빙-AI보이스로 상품소개 영상 만들기, 블로그, 포스트를 활용한 SNS 브랜딩 전략, 스마트폰으로 동영상 크리에이터 도전하기, 고객응대 노하우, 마케팅 전략, 소상공인 개인사업자를 위한 세무-노무-법무 및 종합소득세 신고까지 네이버에서 할 수 있는 모든 부업 및 사업에 대한 고퀄리티의 강의를 모두 무료로 들을 수 있다.

기타 유료 온라인 교육은 주로 녹화된 동영상을 보거나 때로는 줌(Zoom)으로 수강을 한다. 또한, 카카오 오픈 채팅방이나 스터디카페 등에서 일대일 혹은 소규모 그룹 코칭이 이루어지기도 하고, 네이버나 다음 까페 등을 통해 회원들 간 1일 1포스팅을 인증하

사업자들을 위한 46가지의 다양한 비즈니스 교육과정을 언제, 어디서나 쉽고, 편하게 참여할 수 있도록 온라인을 통해 무료로 지원해 준다. 또한 온라인 쇼핑몰 사업자를 위한 네이버 비즈니스툴을 교육한다.

1. 비즈니스 교육 과정

분야	스마트스토어 창업	쇼핑라이브	광고&마케팅	세무&운영	창작서비스
개별 과목	상품이해	다양한 효과와 진행꿀팁	사이트 검색광고	세무–종합소득세	네이버TV 채널개설
	상품등록	판매기준앱 사용	쇼핑 검색광고	비즈데이터 분석	오디오클립 채널개설
	마케팅 전략	매출, 시청률 up꿀팁		기초부터 실전까지	파워포인트 썸네일만들기

2. 온라인 쇼핑몰 사업자를 위한 네이버 비즈니스툴

1) 고객을 만나기 쉬운 방법, 네이버 비즈니스툴

2) 누구나 쉽고 편리하게 만드는 쇼핑몰, 스마트스토어

3) 똑똑한 통화분석, 스마트콜

4) 채팅하듯 상담하고 단골로 만들어주는 네이버 톡톡

5) 검색부터 결제까지 원스탑으로 네이버 페이

6) 검색광고의 영역을 넓힌다. 쇼핑검색광고

7) 사업유형별 광고주에게 맞는 네이버 비즈니스 플랫폼 찾아가기

면서 상호격려하며 전문 강사의 코칭을 받기도 한다. 한편, 배달의민족은 2020년 7월부터 소상공인을 위한 무료 온라인 교육 프로그램인 배민아카데미 운영을 통해 5만명 이상의 소상공인들에게 교육 프로그램을 제공하고 있다. 생생한 장사 현장의 노하우와 함께 장사의 기본기부터 실행을 위한 성공전략, 노무, 세무, 법무 등 장사를 위한 전문지식을 교육한다. 특히 페이스북, 인스타그램, 유튜브 등 SNS 마케팅은 물론 레시피, 인문 트렌드까지 성공적인 매장운영을 위한 노하우와 꿀팁을 무료로 제공하고 있어 기존 사업자는 물론 초보 사업자에게도 도움이 되는 유익한 플랫폼이다.

샐러리맨에서 사장으로~
마인드 변화는 필수

처음 편의점 알바를 할 때였다. 주말이 다가오면 왠지 짜증이 나기 시작했다. 고작 40만원도 되지 않는 돈을 벌려고 토요일과 일요일 이틀 동안 하루 7시간씩 총 14시간의 황금 같은 시간을 꼼짝없이 매장에 갇혀 일했다. 현대판 노예처럼 비참해졌고, 돈과 시간에 얽매이지 않고 자유롭게 살아가는 사람들이 부러웠다. 당연히 일하는 것이 즐거울 리 없었다. 손님들 앞에서 밝게

웃으려 애썼지만 속으로는 울상을 지으며 한없는 자괴감에 빠졌다.

그러나 내 사업인 중고책 부업을 하면서부터 180도 달라졌다. 주말에 일한다는 것이 즐거웠고, 주중에는 주말이 기다려졌다. 시간에 얽매이는 주말알바에 대한 부담감이나 피해의식은 어느새 사라졌다. 원하는 대로 시간과 스케줄을 조정하고 일하면 되었다. 몸이 피곤하거나 아프면 쉴 수 있었고, 일하고 싶으면 더 할 수 있었다. 내가 잠을 자는 사이에도 누군가 내 상품을 주문하면 판매할 수 있었고, 판매가 완료되면 통장에 정확하게 입금이 되었다. 들어온 돈은 세금이나 기타 경비(매입비 및 주유비, 택배비 등)를 제외하고 100% 내 돈이 되었다. 자유롭게 일하는 것이 좋았고, 돈은 돈대로 더 많이 벌 수 있어서 좋았다.

부업을 제대로 하려면 가장 먼저 '사업가의 마인드'를 가져야 한다. 직장생활을 계속해 오던 사람에게는 알게 모르게 '월급'이라는 당근과 '승진'이라는 토끼를 쫓으며 젊음과 열정을 다 바쳐 일하는 시스템 속에서 자신의 존재 의미와 삶의 가치를 추구하는 경향이 있다. 특히 매월 약속한 날짜에 회사가 정해준 급여를 받는 삶에 익숙해져 있다. 물론 상사와 동료들로부터 인정받고 싶어서 더욱 열심히 일할 것이다. 성과급이나 자사주를 좀더 받거나 빨리 승진할 수도 있기 때문이다. 그러나 이런 바람조차도 근본적인 한계가 있다. 아무리 열심히 일한다 해도 어디까지나 회사의 직원일 뿐이고, 결국 회사의 많은 수익 중에서 지극히 적은 일부분만 받게 된다는 생각을 하면 동기부여 자체가 약할 수 있다. 그래서 '근무시간만 채우면 월급은 꼬박꼬박 나오니까' 하는 자조 섞인 말로 신세한탄을 하면서 자신도 모르게 일을 대충 할지도 모른다.

그러나 부업을 하면서는 그 태도와 자세가 완전히 달라진다. 자신의 일이고, 자신의 사업이다 보니 퇴근시간과 주말이 기다려지고, 일하는 것이 즐겁고 보람있다. 아무리 몸이 피곤하고 힘들어도 피곤한 줄 모르고, 힘든 줄도 모른다. 아프면 쉬고 싶고, 휴가 내고 싶던 내가 조금 더 많은 성과와 높은 수익을 위해 일하게 된다. 누구를 위해서 하는 일이 아니라 결국 자신을 위해서 하는 일이고, 자신의 사업이 잘되어 수입이 늘어가기 때문에 더욱 창의적이고 열정적으로 일하게 되는 것이다. 이는 본업에도 영향을 주어 회사 입장에서 기업의 목표와 업무를 바라보게 되고, 결과적으로 자신의 업무도 적극적이고 능동적으로 하게 되어 업무성과까지 좋아지는 효과를 볼 수 있다.

프로 부업러가 되기 위해서는 '사업가의 마인드'부터 갖추자. 더이상 자신을 월급 받는 샐러리맨 마인드에 가둬두고 안주하지 말자.

당장 눈앞의 이익보단
멀리 보자

"아 사장님! 죄송한데요. 제가 책이 전권 다 있는 줄 알고 샀는데 몇 권이 빠졌네요. 표기하신 글을 자세히 읽지 못했어요. 전권 다 있는 게 필요해서요. 반품해 주시면 안 될까요?"

책을 주문한 고객에게서 반품요청 전화가 걸려왔다. 이미 책의 구성과 상태에 대해 자세하게 표기해 놓았기 때문에 판매자에게는 잘못이 없다. 고객의 부주의로 인한 취소요청이기 때문에 고객에게 전적인 책임이 있다. 그래서 고객이 반품을 요청하더라도 모르는 척 거절하면 그만이다. 사실 판매자 입장에서는 이런 반품요청을 받아들이기가 쉽지 않다. 배송비를 고객이 다 부담한다고 하더라도 책을 포장한 박스가 오고 가는 과정에서 책의 상태가 나빠질 수도 있고, 반품이 최종 완료될 때까지 신경도 써야 하기 때문이다.

그러나 나는 이런 경우 웬만하면 고객의 요청을 들어주는 편이다. 당장 상품 하나, 돈 몇 푼만 생각하면 고객과 시시비비를 따질 수도 있지만 나는 좀더 큰 그림을 생각한다. 조금 손해를 보더라도 고객이 만족할 때까지 원하는 대로 서비스를 해준다. 내 책을 사주었던 고객이 다음에 또 구매할 수도 있고, 상품구매에 대한 평가후기를 좋게 써주면 그만큼 판매자의 신뢰도가 높아져 다른 고객에게도 좋은 이미지를 줄 수 있기 때문이다. 이런 노력 덕분인지 나는 중고책 거래사이트에서 판매를 시작한 지 4년여 동안 상위 2%에게만 주어지는 좋은 판매자로 인정받아 왔다.

고객을 대하는 자세는 언제나 고객중심이 되어야 한다. 판매자의 만족보다 고객만족이 우선이고, 판매자의 편의보다 고객의 편의가 먼저여야 한다. 판매자는 상품을 판매하거나 서비스를 제공할 때뿐 아니라 이후에도 고객의 불만이나 불편을 최소화하도록 끝까지 노력을 기울여야 한다.

SNS가 발달한 요즘은 고객들의 만족도 평가 점수나 구매후기가 점점 더 중요해지고 있다. 대기업에서 상품판매나 서비스를 제공한 후 고객만족도를 조사하는 피드백 서비스를 실시하는 이유이다. 이런 과정을 통해 고객들의 불만이 무엇인지 체크하고, 개선점과 대안을 찾아 수정하는 작업을 하면서 기업의 이미지를 제고하고, 상품과 서비스 품질을 향상하는 것이다. 이런 노력은 기업의 특정한 상품뿐 아니라 다른 제품들까지 구매하고 싶은 의욕을 불러일으키는 긍정적인 파급효과까지 주게 된다.

또한, 고객의 불평이나 불만을 최소화할 수 있도록 사전예방을 하는 것이기도 하다. 이를 위해서 기업의 '고객서비스 이행표준'을 참고하는 것도 도움이 될 것이다. 예를 들어, 고객이 매장을 직접 방문하는 경우 고객의 불편이 없도록 어떻게 안내하라는 지침이 있고, 전화벨이 울리면 어떻게 응대해야 하는지 등의 매뉴얼이 있다. 고객의 클레임(claim)이나 컴플레인(complain)이 있을 때 사후 응대를 잘해야 한다. 대부분의 클레임과 컴플레인은 먼저 고객의 말을 존중해서 인정해 주고, 주의 깊게 경청하고, 정중하게 사과하면 원만하게 해결되는 경우가 많다.

부업을 시작하면 말 그대로 부캐가 늘어나는 것이다. 본업과 부업을 넘나들고 수동적 마인드에서 능동적 마인드로, 온오프를 제대로 켜고 끄며 유연하게 대처해야 진정 삶을 주체적으로 이끌 수 있다.

일상에
충실하자

영화 〈빌리 엘리어트〉의 주인공 빌리는 발레로 성공하고 싶은 꿈을 꾼다. 1984년 영국 역사상 가장 긴 파업을 겪었던 시기, 탄광촌 가난한 집안 출신 소년 빌리는 어머니가 돌아가신 후 발레의 매력에 빠져 열정적으로 배우기 시작한다. 어느 날 몰래 빌리를 가르쳐오던 발레 선생님이 집으로 찾아와 빌리가 오디션을 보게 해달라고 부탁한다. 하지만 보수적인 가치관의 아버지와 형은 남자가 발레를 한다는 것은 있을 수 없는 일이라며 완강히 반대한다. 아버지와 형의 반대로 빌리는 귀한 오디션 기회를 놓치고 만다. 그러나 춤에 대한 열정을 포기하지 않고 날마다 열심히 연습한다. 마침내 10년 후 빌리는 '백조의 호수' 주연이 되어 하늘을 날아다니는 모습을 선보이고, 그 모습을 본 아버지는 감격의 눈물을 흘린다.

우리는 삶이 힘들고 경제적으로 어려워지면 일상에 충실하기보다 로또 1등에 당첨되고 싶은 강한 유혹을 받는다. 아무리 열심히 노력해도 안 되니까 기적이나 요행을 바라게 되는 것이다. 그러나 그런 기적은 확률적으로 일어나기 힘들다. 아무리 행운을 바라도 행운이란 녀석은 꼭 나를 피하고, 엉뚱한 다른 사람이 받게 될 때가 많다. 이런 희망고문이 반복될수록 더욱 절망에 빠져 좌절하게 되고, 삶을 점점 포기하게 되는 악순환이 되풀이된다.

힘들수록 기본으로 돌아가야 한다. 기적이나 요행을 바라기보다 일상적인 일에 집중하고 열심히 노력하는 것이 중요하다. 지금 힘들고 뜻대로 안 된다고 포기하지 말자. 하루하루 일상을 사랑하며 조금씩 성실하게 일하다 보면 작은 성취들이 모여 언젠가 큰 성공을 이룰 것이다. 자신이 현재 몸담고 있는 곳에서 하루하루 최선을 다하는 것이 중요하다. 자신의 일상에 충실하지 않는다면 어떤 일을 한다고 해도 성공확률이 높지 않다. 먼저 자신의 일상에 충실히 할 때 새로운 부업을 통한 성공확률도 높다.

현재 자신이 직장인이거나 자영업을 하는 사람이어도 상관없다. 코로나19의 영향으로 회사가 어려워지거나 개인적인 이유로 잠시 쉬거나, 또는 퇴직을 했거나 은퇴한 사람일지라도 마찬가지다. 어떤 환경과 형편에 처해 있을지라도 자신의 현재 모습을 인정하고 긍정적으로 생각하자. 하루하루 일터와 사업장에서 자신이 기본적으로 해야 할 일이 무엇인지 찾아 그것부터 해보자. 어차피 해야 하는 일이라면 요령 피우지 말고, 땀 흘리며 열심히 노력해 보자. 먼 훗날에라도 정말 후회하지 않도록, 자기 자신이나 가족들에게 혹은 주위 사람들에게도 부끄럽지 않도록, 그렇게 자신의 일상을 충실하게 보내다 보면 자신의 본업과 부업을 통해 생각하지 못한 새로운 기회도 만들어질 것이다. 그렇게 일상을 꾸준하게 보내다 보면 어느 순간 전보다 더 나아지는 자신을 발견할 수 있을 것이다.

사례

네이버에서 〈유랩, U-LAB〉 카페(회원수 1,700여 명)를 운영하고 있는 모험디제이는 현재 대기업부설연구소 연구원(엔지니어)이다. 두 개의 대형 프랜차이즈 매장을 운영중인 점주이고, 온오프라인에서 프랜차이즈 창업, 특수상권 창업, 온라인 퍼스널브랜딩, 온라인 수익화, 온라인 글쓰기 등의 다양한 분야의 강의를 진행하고 있는 강사이기도 하며, 아내와 함께 스마트스토어 운영 중인 명실상부한 N잡러이다. 직장에서 받는 급여 외에 월 평균 500여 만원 이상을 부업에서 벌고 있다. 물론 함께 하는 부인이 있어 N잡의 확장이 수월한 건 사실이다. 그가 운영하고 있는 〈유랩, U-LAB〉에서는 건강, 퍼스널브랜딩, 책쓰기 과정이 '습관다이어트(습다)' '습관글쓰기(습글)' '습관작가되기(전자책)' 등의 이름으로 온라인에서 진행되는데, 도중 또는 종료후 코로나 상황에 맞추어 회원들간 주기적인 오프라인 모임도 갖고 있다.

일견 상이해 보이는 까페의 구성은 그의 개인사와 무관하지 않다. 그가 부업의 길로 들어서게 된 계기는 예기치 않게 집안에 불어닥친 경제적 이유. 그로 인한 스트레스와 급격한 체중증가, 멘탈붕괴 직전까지 이르렀을 때 그가 부여잡은 건 아이들과의 추억을 담기 위해 2019년 5월 시작해 두었던 블로그였다. 그 블로그에 망가진 몸, 무너진 멘탈을 살리기 위해 바디프로

필 촬영을 목표로 정하고 발버둥치듯 다이어트과정 연재를 진행하기 시작했다. 앨범처럼 사용되던 블로그가 곤경에 처했을 때 어려움을 이겨냈던 동반자가 되고 후일 튼튼한 부업의 도구가 될 줄은 당시엔 전혀 몰랐다. 누가 보기나 할까 싶었던 그의 다이어트기록은 '바쁜 직장인 투잡러이자 육아파파는 어떻게 셀프 다이어트로 바디프로필까지 촬영하게 되었는지' 많은 이들의 궁금증을 자아냈고, 그 노하우와 팁들을 하나하나 나누기 시작한 것이 본격적인 계기가 되어 현재는 1,700여 명의 찐팬들이 모여있는 유명 까페가 되었다.

"대형 프랜차이즈 매장을 2곳 갖고 있지만, 오프라인에서 느낄 수 없었던 놀라운 경험을 블로그와 오픈채팅방 등을 통한 온라인 세계에서 실감하고 있지요. 다이어트 챌린지에서 도움받았다고 고마워하고 보답하려는 마음을 가지는 분들이 계속 늘어나고 있어요. 습글 역시 현재 4기를 넘어서고 있는데, 네트워크의 힘이 어마어마함을 느끼고 있습니다. 회사생활만 하고 지냈다면 절대 만나지 못했을 분들과의 놀라운 인연이 계속해서 넓어지고 있는 상황입니다."

〈유랩, U-LAB〉에서 기수별로 진행되는 블로그글쓰기 수업은 꽤나 유명하다. "디지털 부업을 시작한 이후 가장 큰 성과를 꼽으라면, '돈'보다 '사람'이란 걸 말씀드리고 싶습니다. 세상의 모든 '기회'는 '사람'을 통해 오는 법이니까요! 온라인에서는 '손님은 왕'이라는 표현처럼 무조건 고객이 모든 것을 결정할 수 있는 왕의 위치해 있다는 것을 기억해야 합니다. 백만유

튜버도 항상 '구독과 좋아요'를 언급하는 것처럼 온라인 세계에서 성공을 좌지우지하는 것은 고객에게 달려 있지요. 온라인 고객을 대상으로 하는 비즈니스는 돈을 벌려는 태도보다는 무엇이라도 하나 더 나누고 더 도움 주려는 태도가 중요하다고 봅니다. 온라인 고객의 지갑을 열기 위해서는 그들의 마음을 여는 것이 먼저이기 때문이지요. 상품을 팔든 자신을 팔든 고객에게 무엇을 팔려고 하기보다는 고객의 삶을 한층 더 개선하고 업그레이드 시켜드릴 수 있는 '메시지를 전달하려는 태도', 신뢰의 구축이 중요합니다."

그는 요즘도 월·수·금 새벽 5시 줌(ZOOM)에서 홈트레이닝(홈트)을 진행하고 있다. 매회 150~200여 명의 회원들이 함께 라이브로 운동을 한다. 온라인이 아니라면 꿈도 꾸지 못할 진풍경이 월·수·금 새벽마다 벌어진다. 홈트가 끝나면 "오늘 하루도 멋지게 살아내자"며 서로 격려하고 파이팅을 외치며 헤어진다. 그때부터 그는 본업인 회사로 출근할 준비를 시작한다.

5 프로 부업러로 살기

본업을 지키는 것이
기본이다

요즘 젊은 직장인들 가운데 부업으로 유튜브를 하는 사람들이 부쩍 늘어나고 있다. 요리나 요가, 육아, 게임, 교육 등 다양한 취미로 시작한 유튜버 활동으로 월급보다 더 많은 돈을 버는 사람들이 알려지면서 너도나도 유튜브에 뛰어들고 있다. 유튜브는 구독자 1천 명을 달성하고, 누적 시청시간인 4천 시간을 충족하면 짭짤한 광고수익을 주고 있다. 코로나로 인해 재택유연근무제가 도입되는 등 부업을 할 수 있는 여건들도 만들어진 셈이다. 문제는 취미와 부업으로 시작한 유튜버 활동으로 재미와 수익이 더해지면서 점점 더 많은 시간과 에너지를 투자하다 보면 자신도 모르게 본업인 직장 일과 사업에 소홀할 수 있다는 것이다. 예를 들어 유튜버 활동을 위해 컨텐츠를 촬영하고 편집하고 업로드하느라 새벽까지 일하는 바람에 다음날 지각을 하게 된다거나, 낮에는 밤새 잠을 제대로 자지 못해 비몽사몽간에 토끼 눈알처럼 빨갛게 충혈된 눈과 피곤에 쩌든 몸으로 업무에 집중하지도 못하는 것 등이다. 간혹 업무시간에 유튜브를 촬영하고 편집하거나 디자인을 하는 등의 부업 일을 하는 것도 결코 바람직하지 않다.

지나친 부업활동으로 인해 본업에 피해가 된다면 주객이 전도된 올바르지 못한 모습이다. 부업활동을 하는 자신으로 인해 동료 중 누군가는 더 많은 일을 하거나 피해를 보아야 하고, 업무의 누수현상으로 인해 회사에 경제적 손해를 끼칠 수도 있는 것이다. 이런 이유들로 인해 대부분의 기업은 회사 내규 혹은 근로계약서에 '겸업금지조항'을 넣어 직원들의 투잡을 금지하고 있다. "계약기간중 을(직원)은 갑(대표자)의 사전 승인 없이 갑 이외의 을 본인 혹은 제3자를 위해 유사 업무 또는 유사 업종에 종사하거나 관련 사업체를 경영하는 등의 일체의 겸업 또는 겸직행위를 하여서는 아니 된다."

회사 대표(갑)는 급여와 복지혜택을 제공하는 대신 노동시장에서 직원(을)의 시간과 노동을 사서 직원을 채용하고, 갑을 간에 상호 계약을 맺는 것이다. 이 과정에서 상호 합의한 회사 내규나 근로계약서에 있는 '겸업금지 조항'을 어기는 것은 회사 대표와 직원 간에 약속한 기본적인 신의성실을 위반하는 것이기 때문에 부업을 할 때는 최대한 본업인 회사에서 일하는 주 업무에 충실할 필요가 있다. 언제나 본업을 먼저 충실히 한 후에 남는 시간과 에너지를 최대한 집중하여 부업을 진행해야 함을 명심하자.

결국 직장인이나 자영업자나 부업을 시작하기 전에 본업인 주 업무에 피해가 가지 않도록 해야겠다는 분명한 방향 설정이 필요하다. 특히 직장인의 경우 회사 내규나 근로계약서상에 부업을 금지하고 있지 않은지 사전에 꼼꼼히 체크해야 한다. 회사 내규나 근로계약서 내용을 위반할 경우 징계나 해고의 사유도 될 수 있기 때문에 더욱 세심한 주의가 필요하다.

사례

한국외국어대 앞에서 미장원을 운영하는 박정자 원장은 중년 여성들 사이에 보브컷을 잘하기로 이름나 있다. 청담동도 아니고 강북의 동대문구에서 30년 미용실을 하던 그에게 멀리 안산, 평택에서까지 머리를 하러 오는 것은 유튜브 때문이다. '친절한 정자씨 – 친절한 제이쌤 10년 이상 젊어보이는 헤어스타일 보브단발'은 누적조회수 314만회. 유튜브에서 박원장 얼굴은 보이지 않고 컷하는 모습과 내레이션만 나온다. 유튜브로 인해 예약은 2주 이상 밀려 있고, 같은 업계종사자들에게 강의도 한다. 몸은 오전 11시부터 오후 7시까지 종일 매장에 묶여 있는데도 유튜브로 인해 버는 돈이 월 100만원을 넘기기도 한다. 그의 유튜브의 특징은 조명도 편집도 없이 초간단으로 찍는 점이다.

"저는 진짜 대충찍어요. 장비도 없어요. 핸드폰을 삼각대에 올려놓고 컷을 하는 장면을 찍죠. 내레이션은 나중에 붙여요."

큰 노력을 들이거나 스튜디오를 대여할 필요도 없다. 그냥 자기 매장에서 늘 하던 일을 찍어 높은 수익을 발생시켰다. 그저 오랫동안 하던 자신의 본업을 유튜브에만 올렸을 뿐인데 부업은 물론 본업 홍보까지 매우 성공적

인 케이스다.

오프라인에서 매장을 갖고 있거나 공방을 하시는 분들, 즉 자신의 전문영역이 있는 분들은 자신의 일을 어떤 플랫폼에 올리느냐에 따라 플랫폼이 노동을 대신해 주는 시대가 되었다. 낮엔 직장(A)을 다니고, 밤엔 편의점(B) 알바를 하는 것과 같이 성격이 다른 직업을 가져야만 부업이 아니다. 박원장의 경우처럼 오프라인의 본업(A)을 온라인플랫폼(a)에 변환시켜 두는 것만으로도 부업효과 이상을 낼 수 있다. 어쩜 요즘처럼 플랫폼이 발달된 시대엔 굳이 B라는 새로운 부업을 찾지 않아도 부업효과 이상을 낼 수 있다. 자신의 강점과 특기를 담아줄 플랫폼을 찾아 업로드하는 것만으로도 훌륭한 세컨 잡이 된다. 잘 살펴보자! 나의 재능을 올릴 수 있는 플랫폼은 어디인가?

해야 하나?
사업자등록증

누구나 처음 사업을 시작할 때 막막하고 답답하다. 사업자등록을 꼭 해야 하는지, 세금 문제는 어떻게 해야 할지 걱정도 된다. 네이버 스마트스토어와 같은 온라인 판매자의 경우 사업 초기에는 당장 사업자등록을 하지 않고도 입점이 가능하다. 그러나 지속적으로 매출이 발생하고 일정 금액 이상으로 점점 더 많아지면 사업자등록을 하는 것이 안전하다. 사업자등록을 해야만 사업자의 권리와 의무가 생기고 법적 지위를 인정받는다. 또한 사업자등록을 하지 않고 영업을 하다가 미등록가산세나 불성실가산세의 불이익을 받을 수도 있기 때문이다.

플랫폼에서 전자상거래를 할 경우 사업장 주소지는 자신의 집으로 해도 되는데, 주의할 것은 통신판매업 신고서가 반드시 필요하다는 것이다. 통신판매업 신고는 구청에서 할 수 있는데, 이때는 사업자 통장과 구매안전서비스 이용확인증이 필요하다. 2가지 서류는 은행에서 해결할 수 있다.

언제?

사업자등록은 사업을 시작한 사업개시일로부터 20일 이내에 해야 한다. 예를 들어 칼국수 집이면 매장에서 칼국수를 팔기 시작한 날부터 20일 안에 사업자등록을 해야 한다. 물론 사업개시 이전이라도 신청은 가능하다.

신청서 작성 시 알아야 할 것

사업자등록 신청서 작성시 업종 및 업태 구분이 있는데 국세청 홈택스에 있는 표준산업분류표로 정리된 업종 코드를 참고하자. 특히, 자신의 업종이 관련법에 따라 허가나 신고 등록이 필요한 인허가 업종인지 정확히 알아야 한다. 또한, 사업자등록 신청 시 상호명과 사업장 주소를 적어야 하기에 미리 준비해야 한다. 이 외에도 자신이 어떤 유형의 사업자(면세사업자, 간이과세자, 일반사업자, 법인사업자)인지 미리 따져보고 선택해야 한다.

어떻게?

사업자등록 신청은 국세청 홈택스나 모바일 손택스, 관할세무서에 직접 가서 하는 방법이 있다. 세무서를 직접 방문 시 사업자등록에 필요한 서류(사업자 본인 신분증, 신청서, 신고 및 인허가 증명서, 임대 사업장의 경우 사업장 임대차계약서, 동업계약서, 자금출처명세서)를 미리 다 챙겨가야 한다. 홈택스나 모바일 손택스로 신청하는 경우 신청서와 추가 서류 등을 첨부 파일(PDF 파일이나 이미지 파일) 형태로 갖고 있어야 한다. 사업자등록증은 늦어도 신청 후 며칠 이내에 발급되는데, 세무서를 직접 방문하여 수령이 어렵다면 홈택스에서 사업자등록증을 인쇄하면 된다.

간이과세자와 일반과세자 기준

간이과세자의 기준은 연 매출 합계액이 작년까지 4,800만원 미만이었으나 코로나 등의 이유로 2021년 1월 1일부터는 매출기준 금액이 8천만원 미만으로 상향 조정되었다. 한편, 간이과세자의 모든 개인사업자는 부가가치세를 납부해야 한다. 부가가치세를 납부하지 않거나(면세사업자) 보다 적게 납부하는(간이과세자) 경우도 물론 있다. 그러나 종합소득세의 경우는 면세사업자와 간이과세자, 일반과세자 모두 납부해야 한다. 종합소득세는 사업자들이 벌어들이는 소득에 대해 과세를 하는 세금이기 때문이다. 부가가치세 면세업종은 실생활과 밀접한 업종으로 신고를 하지 않아도 된다. 다만, 1년에 한 번 당해연도의 수입금액과 사업장 현황을 다음연도 2월 10일까지 신고해야 한다.

스마트스토어 간이과세자는 네이버 스마트스토어 센터에서 정산관리, 부가세 신고내역에서 간단히 신고하면 된다. 기간은 2021년을 기준으로 직전년도인 2020년 1월부터 12월까지 설정하고, 면세매출금액, 신용카드 매출전표, 현금영수증(소득공제, 지출증빙), 기타 자료를 정리해 국세청 홈택스에서 간이과세자 신고를 하면 된다. 단, 매출이 없더라도 간이과세자 신고는 해야 한다.

종합소득세란 개인이 1년간의 경제활동으로 얻는 소득에 대해 납부하는 세금을 말한다. 모든 과세대상 소득(사업소득, 이자소득, 배당소득, 근로소득, 연금소득, 기타 소득)을 합산해 계산하고, 다음 해 5월 1일부터 5월 31일까지 주소지 관할세무소에 신고, 납부한다. 즉 사업소득과 다른 소득을 모두 합산해서 종합해 신고하는 것이다. 종합소득세 계산방법은 총수입금액에서 필요경비(사업상 매출을 올리기 위해 사용된 비용으로 비용을 공제받기 위해서는 장부를 작성해야 함)를 차감한 소득금액에서 종합소득세율을 곱한 금액이 최종 종합소득세를 내야 하는 비용이다. 소규모 사업자 등 장부기록이 어려운 사업자를 위한 기준(단순) 경비율 제도가 있다. 좀 더 자세한 내용은 국세청 유튜브와 홈페이지를 통해 확인할 수 있다.

납부 면제기준 금액도 연 3천만원 미만이었으나 2021년 1월 1일부터 4,800만원 미만으로 변경되어 간이과세자의 폭도 확대되었다. 다만 업종과 지역, 면적에 따라 제외되는 경우도 있으니 참고하자. 대부분 개인사업자는 간이과세로 출발하지만, 부가세 환급을 받지 못하게 된다. 그래서 초기 투자비용이 많은 사업은 부가세 환급을 위해 일반과세로 시작하는 경우도 있다.

연매출	과세방법	부가세납부	세금계산서 발급의무	신용카드매입 세액공제	의제매입 세액공제
3,000만원 미만	간이과세	면제	없음	제외	제외
4,800만원 미만	간이과세	면제	없음	제외	제외
8,000만원 미만	간이과세	납부	있음	대상	제외

택스워치(www.taxwatch.co.kr)

부업러 최대의 적, 번아웃

본업과 부업을 두서없이 진행하다 보면 겪게 되는 위험이 번아웃 증후군(Burnout Syndrome)이다. 말 그대로 자신이 다 타버릴 만큼 한 가지 일에 지나치게 몰두해 극도의 신체적, 정신적 피로로 무기력증과 자기혐오 등에 빠지는 증상을 말한다. 세계

보건기구(WHO)는 2019년 번아웃 증구훈을 '제대로 관리되지 않은, 만성적 직장 스트레스로 개념화한 증후군'으로 정의했다. 에너지 고갈과 소진(탈진), 일에 대한 심리적 거리감, 업무에 관한 부정적, 냉소적 감정 등의 증가, 직무효율 저하 등을 번아웃 증후군의 특징으로 분석했다.

최근 한 소셜미디어 업체가 직장인 1만명을 대상으로 '번아웃 증후군'을 조사한 결과 90%에 가까운 직장인이 번아웃 증후군을 경험한 것으로 나타났다. 직장이라면 감기처럼 한 번쯤은 꼭 걸리게 된다는 우스갯소리도 있을 정도이다. 또한 번아웃 증후군이 가장 크게 온 때는 입사 후부터 3년 차까지(32%), 3년에서 5년 차까지(25%) 등의 순서로 조사되었다. 어느 정도 업무에 익숙해지고, 반복되는 업무가 많아지는 3년 차가 번아웃에 걸릴 확률이 높다는 것을 의미하므로 이 시기 특별한 주의와 관리가 필요하다는 것을 알 수 있다.

번아웃 증후군은 비단 직장인에게 국한된 것은 아니다. 본업에 충실하면서 부업을 크게 벌이다 보면 처음에는 신이 나서 하던 일에 즐거움이 사라지고 관성처럼 하게 될 때가 있다. 일이 익숙해진 것이다. 일이 많아지긴 했는데, 수입도 더 생기긴 했는데 어느 순간 부업을 하기 전처럼 똑같이 지치고 우울해지는 시점이 오는 것이다. 다 타버리고 재만 남은 모습의 바짝 메마른 자신을 발견할 때는 이미 자신을 너무 돌보지 않은 번아웃 증후군에 빠져있을 때이다. 프로 부업러가 경계해야 할 두 가지는 과도한 업무량으로 인한 번아웃과 정해진 틀대로 움직이는 루틴한 일상이다. 번아웃을 극복하기 위해서는 이 두 가지를 슬기롭게 피해야 한다. 새로운 자극을 원하는 인간의 본성으로 인해 아이러니하게도 루틴한 일상이 부업을 하게 되는 계기가 되기도 한다. 그러나 부업은 어린아이 소꿉놀이가 아니다. 무리한 목표설정이나 본업을 염두에 두지 않아 무리하게 일하다 보면 번아웃에 빠지게 된다. 이는 본업도 부업도 모두 날리는 것임을 명심해야 한다.

핸드폰이 방전되면 충전의 시간이 필요하듯 우리는 매일 밤마다 잠을 자며 피로를 풀고 재충전하는 시간을 갖는다. 사람은 일이든 사랑이든 무엇을 하는지 항상 새로운 변화와 동기부여가 필요하다. 아무리 맛있는 음식이라도 매일 먹으면 싫증이 나기 마련이다. 마찬가지로 매일 똑같은 일상을 반복하면 삶이 무료하고 지겨워져 의욕이 떨어지는 법이다. 그래서 가끔은 반복된 루틴을 벗어난 변화와 파격을 주는 자신만의 노력이 필요하다. 일과 쉼 사이의 적절한 균형점을 찾아 쉴 때는 쉬고, 놀 때는 놀고, 일할 때는 일할 수 있는 선택과 집중을 잘해야 한다. 영화나 독서, 여행, 스포츠, 게임 등 자신만의 취미나 여가활동을 꾸준히 해나가는 것이 좋다. 기왕이면 디지털 관련한 소일거리나 요즘 핫한 틱톡이나 인스타, 유튜브 등에 관심갖고 취미로 조금씩 배우는 것도 좋다. 예를 들어 유튜브 편집과 영상 업로드의 경우도 요즘은 간단하게 스마트폰만으로 영상을 촬영하고 편집하고 업로드까지 가능한 방법도 있어 디활못들에게도 큰 도움이 된다.

부업을 하면서부터 나의 삶은 더 즐거워지고 행복해졌다. 집과 사무실을 오가며 매일 반복되는 직장생활에서 오는 권태로움과 지겨움에서도 벗어났다. 월요일이면 시작된다는 월요병도 나에게는 어울리지 않는다. 월요일은 나의 사업이 새롭게 시작되며 지루함과 지겨움을 넘어서 초월(超越)하는 새로운 월요일, 초월(初月)이다. 퇴근 후와 주말은 내가 하고 싶은 취미활동을 더 하고, 부업을 할 수 있는 시간이 더욱 넉넉해지기 때문에 기다려진다. 한 달을 마무리하는 마지막 날에는 부업으로 벌어들인 수입을 확인하고 다음 달에는 더욱 열심히 해야겠다는 목표와 각오를 새롭게 다지게 된다. 중고책 부업이 어느 정도 안정화되고 난 후부터 디지털 부업 쪽으로 하나씩 늘려가고 있다. 또한 버킷리스트 중 하나인 책쓰기를 위해 공부도 했다. 수입구조를 다각화하는 의미도 있지만 내게는 이러한 작은 시도들이 지속적인 자기계발과 성장을 위한 계기가 되고 활력이 되기 때문이기도 하다. 평생을 배워도 배울 게 넘치는 세상이다. 디지털이란 요소가 등장하면서 배워야 할 건 더 많아진 것도 사실이다. 그렇다면 이런 것들을 하나씩 배우고 활용하는 쪽으로 삶에 자극을 주는 것도 스스로를 꾸준히 성장하고 발전시켜 나가는 것이 아닐까 싶다. 프로 부업러라고 별개 아니다. 스스로가 주체가 되어 본업과 부업의 균형을 맞추고 매일 조금씩 성장하는 것이다.

사람이
전부다

N잡러이든 부업러이든 1인 기업가든 '돈보다 사람이 전부다'는 철학을 먼저 가져야 한다. 왜냐하면 세상의 모든 기회는 '사람'을 통해서 오기 때문이다. 먼저, 오프라인에서도 사람이 많이 모이면 시장이 형성되고, 규모의 경제가 가능해진다. 마찬가지로 온라인에서 기본적으로 진성고객 1천명 이상이 모이면 (SNS마다 조건은 다르지만) 최소한의 광고 협찬 제의를 받거나 광고가 붙게 되어 수익이 발생하게 된다.

둘째로 부업 혹은 사업을 하려는 사람은 먼저 사람의 마음을 얻는데 초점을 맞추어야 한다. 고객의 지갑을 열기 위해서는 그들의 마음을 여는 것이 우선이기 때문이다. 예를 들어 인스타그램은 이웃들(인친)과의 소통이 중요한 SNS이기에 많은 사람과 찐소통을 하면서 친밀함을 유지하고 팔로우를 늘리는 것이 중요하다. 인스타그램 피드에 게시물을 올리거나 라방(라이브 방송의 준말)을 하면서 찾아와주는 인친들을 가족처럼 대하고, 그들과 연대가 무엇보다 끈끈해지면 서로 힘과 용기를 얻고 희망과 위로를 얻게 되면 탄탄한 네트워크가 형성된다. 뿐만 아니라 그들이 비록 적은 숫자일지라도 꾸준하게 상품을 구매해 주는 충성고객(찐단골)이 되어줄 뿐 아니라 긍정적인 댓글과 리뷰를 달아주면서 입소문을 주위에 내주는 홍보대사 역할까지 톡톡히 해줄 수 있는 것이다.

특히 요즘은 '손님은 왕이다'는 말처럼 오프라인이나 온라인 할 것 없이 무조건 고객이 갑인 세상이다. 온·오프라인에서 성공을 좌지우지하는 것은 철저하게 고객의 평판에 달려있다. 고객의 마음을 얻지 못하면 고객의 별점 테러를 맞을 각오(?)마저 해야 하는 무서운 세상이 되었다.

꾸준함이
답이다

인생을 살아가면서 가장 중요한 습관 중 하나가 꾸준함이다. 간혹 인태기(인스타그램 권태기)에 빠지는 사람이 있다. 처음에는 인스타에 푹 빠져 재미었는데 팔로워 숫자가 늘지 않고, 애써 올린 컨텐츠에 대한 반응이 시원치 않으면 의욕이 사라지고 슬럼프에 빠지는 것이다. 블로그나 유튜브, 틱톡 등 다른 SNS 활동을 하는 사람들도 마찬가지다. '좋아요'와 '구독' 숫자가 늘지 않으면 흥미를 잃고, '왜 해야 하나?' 하는 회의에 빠지면서 결국 포기하고 활동을 중단하게 된다. 주위를 둘러보면 이렇게 죽어있는 SNS들이 넘쳐난다.

성공하는 프로 부업러가 되기 위해서는 중간에 포기하는 태도를 가장 경계해야 한다. 공부를 하건 운동을 하건 무슨 일을 하든지 꾸준히 하는 사람만이 결국엔 최후의 승자가 될 수 있다. 아무리 화려하고 거창하게 시작했더라도 중간에 포기하면 아무 성과도, 소용도 없다. 반면 처음에 서투르고 부족한 것 같아도 꾸준히 지속하다 보면 점점 실력도 좋아지고, 기대 이상으로 만족할 만한 성과를 달성하게 된다.

쇼핑몰을 만들어놓는다고 해서 매출이 상향곡선을 그리지 못할 수 있다. 하지만 꾸준히 공부하고 노력한다면 당신도 반드시 성공적인 디지털 부업러가 될 수 있다. 8개월 동안 쇼핑몰을 혼자서 하나하나 만들고 라이브방송까지 하게 된 40대 주부의 사례도 있다. 결국 꾸준히 하는 부업러가 성공을 거두게 되고, 사람들로부터 인정받게 된다.

천천히 간다고 해서 너무 늦거나 열매를 얻지 못하는 것은 아니다. 오히려 너무 조급하게 서두르다가 일을 망치거나 실패를 하는 경우도 많다. 당장 팔로워 숫자가 적다고 낙심하거나 포기하지 말자. 천천히 가되, 멀리 보고 가자. 지금 당장 버는 수입 몇 푼, 좋아요·구독 숫자 몇 개는 미래의 나에게 주어질 엄청난 가치를 생각하면 중요하지 않다. 중요한 것은 꾸준함이다. 자신이 포기하지 않고 꾸준하게 지속해 간다면 인정받고 보상받는 시간은 반드시 온다. 물이 단단한 바위를 뚫는 것은 물의 강함이 아니라 꾸준함이라는 말이 있다. 꾸준함이 답이다.

멘탈관리는
내일을 좌우한다

회사 열심히 다니고 자기 업무만 충실하면 되던 직장인에서 부업러가 된다는 것은 1인 사업자로 거듭나야 함을 말한다. 사업자등록부터 세금 신고와 납부, 상품과 서비스 배송 및 처리, 고객들의 요구와 불만 처리 등 모든 일을 혼자서 다 해야 한다. 육아맘이라면 아이들 돌봄과 집안일 등 육체적, 정신적 스트레스가 더해진다. 투잡이고 N잡이고 다 때려치우고 싶을 때도 있고, 갑자기 오버페이스하면 건강마저 무너질 수 있다. 부업러의 삶을 먼저 경험한 선배들은 프로 부업러의 필수 덕목으로 꾸준함과 함께 멘탈관리를 손꼽는다. 무리한 요구를 하며 생떼를 쓰는 고객이나 쓸데없이 영혼을 터는 악플러들을 마주할 때 멘탈붕괴를 겪게 된다는 것이다. 유리멘탈로는 내일을 장담할 수 없다. 똑똑한 멘탈관리가 진정한 프로 부업러가 되는 길임을 잊지 말자.

인스타나 유튜브 등 SNS 플랫폼을 보면 자신과 비교되는 크리에이터들을 알게 된다. 특히 자신과 비슷한 일을 하는 1인 사업자나 부업러를 보면 자신도 모르는 새 비교의식을 갖게 될 수도 있다. '저 사람은 나보다 더 예쁘고 잘 나가네' '비슷한 것 같은데 나보다 돈을 잘 버네' 등 가볍게 시작한 생각이 깊어지면 자신도 모르게 흔들리게 된다. 열등감이나 우울감, 혹은 우월감에 빠져서 의욕을 잃게 마련이다. 잘 나가는 사람을 벤치마킹하는 것은 좋지만, 지나친 비교의식과 시기 질투에 사로잡혀서는 곤란하다. 초심을 잃지 말고 자신의 콘텐츠와 상품, 서비스에 집중하는 것이 중요하다. 굳이 하고 싶다면 어제의 자신과 오늘의 나, 그리고 내일의 나를 비교하자.

내 마음에서 시작되는 위험인자가 '비교의식'이라면 타인의 행동에서 기인한 위험인자가 있다. 고객의 불만과 악성 댓글(악플)이 그것이다. 사람의 마음이 모두 내 마음 같지는 않다지만 악플을 아무렇지 않게 받아내기엔 내가 왜 이래야 하나 싶을 수 있다. 악플로 상처 받아 극단적인 선택을 하는 연예인들도 있지 않은가. 요즘 자영업자가 가장 무서워하는 것 중 하나도 별점 테러를 비롯해 상품과 서비스에 대한 고객의 불만과 부정적인 댓글이다. 그러나 이런 불만 고객에게 똑같이 대응하면 결국 물리적 손해는 사업자인 나에게 오니 지혜롭게 응대하는 것이 좋다. 가장 좋은 방법은 대기업 등에서 실시하는 '표준 고객응대 지침' 같은 자료를 참고해 따라해 보는 것이다. 필자의 경우에는 부담스러운 금액이나 요구가 아니라면 비록 금전적 손해를 보더라도 불만 고객의 입장에서 최대한 이해하고 요구대로 들어준다. 그러면 고객의 불만은 언제 그랬냐는 듯이 사라지고, 오히려 고마운 마음을 갖고 진성고객으로 돌아서기도 했다. 물론, 인신공격성 발언을 하거나 지나친 악성 댓글이나 비방을 하는 경우에는 댓글을 차단하거나 언팔(유튜브나 인스타그램에서 팔로우를 차단) 혹은 법적인 문제가 될 수 있음을 사전에 고지하고 적극적으로 대응하는 것도 고려한다. 모든 사람에게 다 100% 만족을 주는 슈퍼맨 신드롬에 빠지지 말자. 모든 사람에게 다 사랑받을 필요도 없고, 그럴 수도 없다. 어딜 가나 나를 이유도 없이 싫어하는 사람은 있게 마련이고, 사람인 이상 내가 모든 일을 다 완벽하게 잘할 수는 없다.

부업러로 활동하며 어느 정도 지나다 보면 자신도 모르게 지치고 슬럼프에 빠질 수 있다. 매일 똑같은 패턴이 반복되다 보면 체력적으로 정신적으로 번아웃되는 현상이 나타나기도 한다. 완전히 무너지기 전에 멘탈관리를 위한 자신만의 방법을 찾아보자. 모든 일을 멈추고 재미있는 드라마나 영화, 웹툰을 보거나 독서, 산책, 등산, 여행, 스포츠 등을 즐기는 것도 좋다. 맥주 한잔에 하루의 노곤함을 풀 수도 있고, 오히려 색다른 취미를 개발해 일상에서 벗어나볼 수도 있다. 중요한 일과 덜 중요한 일을 분리해 선택과 집중을 하는 지혜도 필요하다. 부업을 시작했을 때의 순수한 초심을 잃지 말고 보다 긍정적으로, 보다 본질에 충실하게, 보다 여유롭게 정진하자. 사람이 전부인 디지털 부업을 하면서 내 자신을 돌보지 않는다면 결국 내일을 꿈꿀 수 없다.

회사를
그만둘까 말까

부업이 조금만 잘되면 당장 본업을 그만두고 싶어질 것이다. 본업에 쏟는 열정을 부업에 부으면 더 잘되지 않을까? 그럼 나는 경제적으로 더 자유로워질 수 있지 않을까? 너무 성급한 생각은 아닌지 또는 너무 망설이고 있는 건 아닌지 누군가 결정해 주었으면 좋겠다고 여길 것이다. 그러나 이 또한 우리가 판단해야 한다. 그럼, 언제, 어느 때 부업을 본업으로 받아들일 수 있을까?

부업을 시작하는 사람이라면 누구나 한 번쯤 이런 고민을 하게 마련이다. 본업보다 부업으로 버는 수입이 훨씬 더 많다면 당장 본업을 때려치우고 부업으로 갈아타고 싶은 유혹이 들 수 있다. 그러나 어느 날 갑자기 무턱대고 퇴사하게 되면 미처 생각지 못한 문제들이 발생할 수도 있다. 또한 부업을 한다고 해서 반드시 성공하리라는 보장이 있는 것도 아니다. 따라서 퇴사에 따른 여러 가지 변수들을 참고하면서 종합적으로 판단하고, 적절한 퇴사의 시기를 정하는 것이 퇴사에 따른 부담을 덜 수 있다. 그러면 언제 퇴사하는 것이 좋을까? 퇴사할 때 반드시 고려해야 할 점은 무엇인가?

먼저, 퇴사 전 최소한 6개월에서 1년 정도 점검해 보자. 현재 직장에서 받는 급여보다 새로 시작한 부업을 통해 돈을 더 많이 벌 수도 있다. 그러나 부업을 통해 버는 수입이 일시적으로 많을 수도 있지만 계속해서 더 많이 벌 수 있다는 보장이 되는 것도 아니다. 부업으로 시작한 사업을 적게는 6개월 혹은 1년 정도 꾸준히 운영하면서 수익구조 사이클을 점검해볼 필요가 있다. 성수기에는 잘 되는지, 비수기에는 얼마나 안 되는지 자세하게 따져보고 연평균 수익이 어느 정도인지 체크해 보는 것이 더 안전한 방법이다. 그런 다음 현 직장을 퇴사하고 부업에 전적으로 올인해도 좋다고 판단되면 그때 퇴사를 고려하는 것이 좋다.

둘째, 실패해도 버틸 수 있는 능력과 목표가 있는지 따져보자.

퇴사를 한다는 것은 안정적인 현재의 일자리를 포기하고, 부업으로 새로운 사업을 시작하겠다는 뜻이다. 현재 직장에서 버는 수익보다 부업을 통해 버는 수익이 더 많아 부업에 매진하면 자신이 바라는 꿈과 목표를 더 빨리 이룰 수 있는 희망과 기대가 담겨 있다. 그러나 꿈과 희망은 어디까지나 자신의 예측과 기대일 뿐이다. 세상에는 무조건 성공이 보장된 사업은 없다. 어떤 사업이건 성공할 가능성도 있지만, 자칫 잘못하면 실패할 수도 있다. 아니 성공보다 실패할 확률이 더 많은 것이 사업이다. 그러므로 퇴사하고 부업을 시작하려고 하는 사람은 만일의 경우 자신이 실패할 수도 있다는 사실을 염두에 두는 것이 좋다. 이를 위해서는 퇴사를 하고 시작한 사업에서 실패하더라도 일정한 시간 동안 버틸 수 있는 생활비나 종잣돈이 어느 정도 있어야 한다. 다니던 회사를 그만두게 되면 매월 고정적으로 들어오던 수익이 없어지면서 경제적으로 여유가 없어지게 된다. 이때 통장 잔고에 어느 정도 버틸 수 있는 여유자금이 없다면 그 돈을 벌기 위해 또 다른 일을 하거나 다른 회사에 취업을 해야 하는 아이러니한 일이 생긴다. 이렇게 되면 먼저 다니던 회사를 퇴사한 의미가 없어진다. 그러므로 최소한 6개월에서 1년 정도는 아무런 수익이 없이 버틸 수 있는 생활비가 있는 것이 좋고, 새로운 사업에 재투자할 수 있는 종잣돈을 확보해 놓는 것이 낫다.

또한 만일의 경우 실패를 하더라도 퇴사를 결정한 것에 대한 후회를 하거나 방황하는 어리석은 일이 없어야 한다. 이를 위해서는 어떤 상황에서도 좌절하거나 절망하지 않고 버틸 수 있는 장기적인 목표와 플랜이 있어야 한다. 비록 일시적으로는 구상했던 사업에서 실패할 수 있을지라도 장기적인 목표와 계획이 있다면 포기하지 않고 계속해서 도전하고 나아갈 수 있는 용기와 의지가 생겨나기 때문이다.

셋째, 퇴사는 최소한 한 달 전에 통보하는 것이 좋다. 우여곡절 끝에 퇴사하기로 결정했다면 회사에는 최소한 한 달 전에는 이야기 해주는 것이 매너다. 물론 우리나라 현행법상으로는 퇴사를 한 달 전에 반드시 알려야 한다는 의무는 없다. 다만 근로기준법 26조에 '사용자는 근로자를 해고하려면 적어도 30일 전에 예고를 하여야 한다'라는 조항이 있고, 민법 660조 2항에 '근로계약 해지 통보를 받은 날로부터 1월이 경과 하면 해지효력이 생긴다'는 규정들이 있다. 이런 조항들은 약자인 근로자를 보호하기 위해서 만들어진 법이다. 오히려 근로기준법 제 7조 '강제근로의 금지 조항'에서는 '사용자는 근로자의 자유의사에 어긋나는 근로를 강요하지 못한다'라고 명시되어 즉각적인 퇴사의 자유를 보장하는 쪽으로 되어 있다. 하지만 회사 측에 최소 1개월 전에 사전 고지를 해주는 것이 자신이 몸담고 일했던 회사를 배려하는 최소한의 에

티켓이라고 볼 수 있을 것이다. 한 달 전쯤 구두로 고지하고, 해당 내용을 이메일 등으로 보내 법적, 행정적 근거를 마련하는 것이 좋다. 퇴사 날짜는 퇴직금이나 연차수당의 지급과도 관련이 있기 때문이다.

2020년 11월까지 기업체 회계 및 인사관리 담당이었던 워킹맘 A씨는 15년 회사생활을 정리하고 현재는 별나스쿨이라는 온라인스터디 운영, 디자인·블로그·제휴마케팅 강사로 활동중이며 직접 스마트스토어(위탁, 자사상품)를 운영하며 디지털 노마드의 인생을 멋지게 살고 있다. 안정된 직장을 그만두고 N잡의 세계로 들어선 계기는 올해로 다섯살 된 아들의 육아문제 때문이었다. 아이의 스케줄에 맞춰 생활하고 싶어 디지털 노마드의 꿈을 꾸

었고, 직장다닐 때부터 착실히 준비했다.

퇴사를 고민할 무렵 블로그&인스타 스터디를 알게 되었고 온라인 공간이 돈벌이 공간으로는 직장생활보다 훨씬 더 넓고 크다는 것을 발견하게 되었다. '월급이 없어도 살 수 있겠다'는 판단이 들자 미련없이 직장을 그만두었다. 15년 직장생활 동안 익힌 파워포인트, 디자인능력과 10년 가까이 운영해온 블로그는 그가 디지털 노마드로 변신하는 데 큰 밑천이 되었다. 그가 가르치고 있는 별나스쿨의 디자인수업들은 기존 탬플릿에 포토샵, 쿽 등을 섞어 가르치기 때문에 스마트스토어, 인스타그램, 블로그 등을 꾸미는 데 도움이 되고, 따라서 상세페이지를 비롯해 디자인 실력이 어느 정도 요구되는 디지털 노마드들에게 인기가 높다. 또한 쿠팡 파트너스가 지금처럼 일반화되기 전부터 부업으로 이미 수익을 경험해 왔기에 카카오 단톡방 및 네이버 카페를 운영하면서 '온라인 건물주 프로젝트' '디지털 노마드 프로젝트'를 기본으로 강의를 진행할 수 있었다. 강의비와 1:1 코칭, 블로그 마케팅 및 제휴 마케팅 등의 수익은 월 평균 대략 500만원 이상이다.

"부업이나 투잡, N잡러의 길이 쉽지 않습니다. 집에서 내가 일하고 싶을 때 일하고, 내가 있는 곳이 나의 일터가 되는 것은 맞습니다. 하지만 디지털 노마드가 되고 싶다면 먼저 '디지털 노가다'의 시간이 일정기간 필요하다고 생각합니다. 처음부터 쉬운 것은 없습니다. 당장 수백, 수천을 벌 수 있다고 말할 수도 없고, 본인의 속도에 맞게 시작하고, 꾸준함을 장착해야 하고, 습관이 수익을 만드는 순간까지는 포기하지 않아야 합니다."

6 지속 가능한 나만의 부업 찾기

나에게 맞는
옷 찾기

4년 전의 일이다. 어느 날 인터넷 검색을 하고 있었
는데 모니터 오른쪽 하단에 재테크 광고가 떴다. "초벌번역, 누구
나 가능" 대충 그런 내용이었다. 부업에 대해 여기저기 알아보고
있던 상황에서 눈길이 가는 문구였다. 50살이나 된 적지 않은 나
이에 특별한 자격증이나 기술도 없는 내가 할 수 있는 부업이라고
는 눈을 씻고 봐도 거의 없었다. 그런데 누구나 조금만 배우면 가

능하고, 더구나 초벌번역이라는 쉬워 보이는 일을 할 수 있다니 희망이 생기는 것 같았다. 학창시절 영어공부는 조금 했다고 자부하고 있었기에 초벌번역을 만만하게 생각했다. 직접 찾아가서 상담을 했다. 교재비 및 동영상 강의비 등 포함해서 결제비가 적어도 60만원 이상 되는 것 같아 부담스러웠지만 과정을 마스터하고 시험을 통과하면 번역을 해서 충분히 갚고도 남을 것 같아 그 자리에서 겁 없이 결제를 했다. 그리고 몇 달 동안 틈틈이 공부를 하고 시험을 봤다. 결과는 낙방이었다. 초벌번역 시험은 생각보다 결코 쉽지 않았다.

오해하지 말기 바란다. 초벌번역이라는 일 자체는 문제가 되지 않는다. 영어에 실력이 있고, 시험 준비가 충분히 되어 있는 사람은 쉽게 패스하고 얼마든지 번역으로 아르바이트와 부업을 할 수 있다. 그러나 나의 경우는 내 영어실력을 과대평가한 것이 문제였고, 초벌번역을 너무 만만하게 보고 쉽게 생각한 것이 실수였다. 또한 장기적인 관점에서 심사숙고하고 시작한 것이 아니라 즉흥적으로 결정한 것이기 때문에 시험에 한 번 떨어지고 나서 곧바로 포기해야만 했다. 결국 나는 초벌번역 부업을 위해 몇 달 동안 소중한 시간과 에너지, 60만원 이상 되는 적지 않은 돈을 투자했지만 아무런 소득 없이 허공에 날린 채 허탈할 수밖에 없었다.

성공적인 부업러가 되기 위한 첫 번째 준비가 시작하는 것이라면 두 번째 준비는 자신에게 맞는 아이템을 찾는 것이다. 자신의 개성이나 취미, 능력에 어울리는 것을 선택하는 일은 마치 자신의 몸에 잘 어울리는 옷을 입는 것과 같다. 평생 충실하게 직장생활만 하던 은퇴자가 퇴직금으로 차린 치킨집을 얼마 못가 날렸다는 이야기는 부업을 선택할 때도 해당된다. 남들이 돈을 번다고 하니까, 그 일이 쉬워 보이니까 등의 이유로 무턱대고 시작했다가는 만족도가 떨어지고 성공을 떠나 부업을 지속할 수 없게 된다.

사물인터넷과 인공지능(AI), 스마트폰 기기 등 첨단 ICT 기술의 발달로 4차 산업혁명의 시대인 요즘 세상에 할 수 있는 부업거리는 찾아보면 얼마든지 많다. 수십 수백 가지의 부업 중에 할 수 있는 것이 한 가지 이상은 누구나 있다. 부업을 너무 거창하게 생각하지 말고 당장 할 수 있는 것부터 찾아서 도전해 보자. 편의점 알바나 대리운전 말고는 부업에 대해서 거의 아는 게 없는 왕초보를 위해 쉽게 해볼 수 있는 몇 가지 아이템을 유형별로 정리해서 소개해 본다.

시테크형 부업
(시간+노동)

본업을 마치고 퇴근 후 저녁과 심야 시간 혹은 주말

에 남는 시간을 활용하여 부업을 하는 케이스다. 전통적인 노동형 부업으로 대리운전, 편의점 알바 등이 대표적이다. 최근 코로나19로 인해 택배나 배달의 수요가 급증하면서 자전거를 활용한 배민커넥트, 자가용을 활용한 쿠팡플렉스 등으로 확장되었다. 반려동물 시장의 확장으로 펫시터도 떠오르는 부업 아이템 중 하나다. 코로나19로 잠시 휴직을 하고 있거나 어쩔 수 없이 직장을 그만둔 경우라면 최대한 여유있는 시간을 활용해서 수익도 올리고 부업러로서 경험을 쌓을 것을 추천한다.

장점: 누구나 할 수 있고 시간과 노력을 투자하면
　　　수입으로 바로 돌아온다.
단점: 시간당 단가가 비교적 싸고 계속 노동시간을
　　　투입해야만 수입이 유지된다.

취테크형 부업
(취미+재능)

　지갑이나 가방, 액세서리 등을 가죽으로 만드는 가죽공예나 필기도구와 종이만 있으면 시작할 수 있는 켈리그라피 등 자신의 취미생활을 즐기면서도 돈을 벌 수 있다면 이보다 좋은 부업은 없을 것이다. 경우에 따라서는 취미생활로 버는 부업의 소득이 본업 소득보다 더 많은 경우도 있다. 이럴 때는 본업을 그만두고 부업을 확장해 창업까지 고려할 수도 있을 것이다. 수제비누나 향초 만들기, 수제청 만들기, 커피나 쿠키 만들기, 도자기나 악세사리 등의 공방 작업, 사진이나 동영상 촬영, 이모티콘 작가 되기 등 어떤 취미든 상관없다. 또한, 가정집 거실이나 작업실, 가게 등 자신의 개인공간에 취향이 비슷한 게스트를 초대하여 6명 안팎의 소규모로 대화를 나누며 부수입을 올리는 취향모임 플랫폼인 '남의집'을 활용해도 좋다.

최근에는 자신의 지식을 자료로 만들어 판매할 수 있는 클래스101, 크몽, 알지북스 등의 업체들이 많아지면서 시장이 확장, 세분화되고 있다. 자신이 관심을 가지고 배우고 있는 취미를 꾸준히 하면서 부업을 병행하고 소득도 올리면서 사업 경험을 쌓는 것을 목표로 하는 것도 좋다.

장점: 손재주나 글재주 등 재능이 있는 이들에게는 꿀잼. 지식생산의 경우에는 한 번의 작업으로 수익이 꾸준히 가능한 장점도 있다.

단점: 취미로 시작했지만 꽤 높은 전문성이 필요하며 마케팅과 배송 등 사업적 영역으로 확장되어 선

뜻 시작하기엔 부담스럽다.

소테크형 부업
(SNS+마케팅)

유튜브, 인스타그램, 페이스북, 틱톡, 네이버, 구글, 카카오 등 다양한 소셜네트워크서비스(SNS)를 활용한 부업이다. 대표적으로 네이버 블로그, 네이버 밴드, 네이버 카페, 유튜브, 인스타그램, 페이스북, 틱톡, 구글 티스토리 블로그, 카카오 스토리 마케팅 등이 있다.

인터넷과 스마트폰의 발달로 시간과 장소의 제약 없이 마케팅을 할 수 있는 시대가 되었다. 코로나19로 인해 비대면 언택트 온라인 서비스가 강화되면서 SNS를 활용한 사업은 더욱더 대세가 될 수밖에 없다. 기업이나 사업장마다 디지털로 무장하지 않으면 살아남기 힘든 포스트 코로나 시대에 SNS를 활용한 마케팅은 선택이 아닌 필수다. SNS 사용이 익숙하지 않은 40~60대라도 조금만 시간을 투자하여 하나씩 배워간다면 충분히 익힐 수 있다. 새로운 것을 배우는 것에 대한 막연한 두려움을 버리고, 조금씩 시간을 투자해 자신의 상품과 사업장을 홍보해 보자.

장점: 구독자가 많을수록, SNS 계정이 꾸준할수록 수익 창출이 높아진

다. 시간활용이 비교적 자유롭다.

단점: 일정한 구독자를 확보하기 전까지는 수익이

전혀 발생하지 않을 수도 있다.

사업형
부업

말 그대로 온라인에서 장사를 하는 1인 사업체의 셀러가 되는 것이다. 네이버 스마트스토어, 아마존 글로벌셀링 등이 대표적이며, 다른 온라인사이트의 상품을 재판매하는 '리셀러'도 떠오르고 있다. 필자가 했던 중고책 판매사업도 여기에 해당된다. 좀더 멀리 보고 시작하는 부업러에게 추천하며 퇴직 후를 고민하면서 시도해 볼 수 있는 부업이다.

장점: 유통과 판매에 대한 이해만 있다면 집에

서도 시작할 수 있다. 잘 운영하면 제2의

직업으로 전환할 수 있다.

단점: 사업이다 보니 기본 자본금과 공간 등이

필요하며, 상품판매에 대해 계속 신경써

야 한다.

너무 많은 정보들 앞에 선택장애가 올 수 있으니 꼼꼼히 찾아보고 알아보자. 2부에는 부업이 절박한 이들에게 조금이라도 도움이 되었으면 하는 마음으로 알려져 있는 디지털 부업의 종류들을 최대한 정리하여 모아보았다. 정보를 찾는 데 있어 기초적인 역할은 할 수 있으리라 생각한다.

특별히 당부하고 싶은 말은 이 책에 소개된 50여 가지가 넘는 디지털 부업을 모두 다 할 수는 없다는 것이다. 직장인으로서 자영업자로서 전업주부로서 각자 시간과 체력, 환경, 경험치의 한계가 다 다르기 때문이다. 따라서 먼저 자신에게 가장 어울리고 잘할 수 있는 디지털 부업 한 가지를 찾아 먼저 익히는 것이 중요하다. 그런 다음 어느 정도 자신감과 여유가 생기면 또 다른 디지털 부업을 하나씩 배우고 영역을 넓혀가기를 추천한다.

책의 저술시점과 독자가 읽는 시점에 따라
시장상황 및 기업의 내규 변경 등 다양한 이유로 소개된
데이터(시점, 금액, 근무조건, 조회수, 폐업 등)가
일부 변경될 수 있음을 미리 알려드립니다.

2부

디지털 부업
50가지

1 디지털과 노동의 결합
- 플랫폼을 충분히 활용하자

 국가대표 로켓배송,
쿠팡플렉스

쿠팡플렉스는 '로켓배송'으로 유명한 ㈜쿠팡이 2018년 8월 시작한 택배서비스다. 고정적으로 일하는 정규직 '쿠팡맨'과는 달리 자신이 원하는 날짜와 시간에 자기 차량을 이용하여 택배 일을 할 수 있는 신개념 부업이다. 만 18세 이상 성인이면 누구나 성별, 학력, 경력에 제한 없이 지원 가능하며, 택배 알바나 일에 대한 경험이 없어도 일할 수 있다. 진입장벽이 낮아 학생,

주부, 어르신, 직장인, 자영업자들이 많은 관심을 갖는 핫한 부업이다. MBC '나 혼자 산다'라는 방송 프로그램에서 태사자 출신 가수 김형준이 쿠팡플렉스로 일하고 있다는 소식이 알려지면서 화제가 되기도 했다. 실제로 쿠팡플렉스가 시행된 지 2개월 만에 9만4천여 명의 지원자가 몰리기도 했다. 아이를 유치원이나 어린이집에 보내고 남는 시간을 활용하고픈 육아맘, 은퇴 후 삶을 즐기는 어르신, 취업을 준비하는 청년, 강의가 없거나 방학을 맞은 대학생, 업무시간 조정이 가능한 프리랜서나 자영업자 등이 지원해 일하고 있다.

쿠팡플렉스는 하루 평균 3~4시간 동안 약 50~60여 개의 상품을 배송하며, 오전 10시까지 출근해 배송을 끝내고 퇴근하면 된다. 단가는 배송건당 책정이 되기 때문에 요일과 시간, 지역, 포장 재질(비닐, 박스), 기상상황에 따라 다르다. 쿠팡플렉스 앱을 다운받아 몇 가지 교육영상을 보고 익히면 바로 배송 일을 신청할 수 있다. 자신의 차량이 있는 경우 거주지 근처 쿠팡 캠프에서 차량으로 상품을 직접 수령 후 고객에게 상품을 배송하거나, 차량이 없는 경우 아파트 단지에서 쿠팡 트럭이 배달해 주는 상품을 수령 후 롤테이너를 활용해 배송하는 방법이 있다. 쿠팡플렉스는 현재 서울과 인천, 경기

지역을 포함한 전국의 로켓배송 가능 지역에서 진행하고 있으며, 앞으로 고객 만족도와 배송효율 등을 다각적으로 분석해 서비스를 업그레이드한다는 계획이다.

쿠팡이츠 라이더

쿠팡플렉스와 비슷한 개념의 배달 알바. 쿠팡이츠는 배달강자 '배달의민족'과 '요기요'에 맞선 쿠팡의 음식 배달대행 서비스이다. 쿠팡이츠 라이더는 지역별로 1만3천원에서 1만8천원에 이르는 최저시급을 보장하는데 이는 법정 최저시급(8,350원)의 두 배 수준이다. 코로나19로 배달 음식에 대한 수요가 폭증하며 라이더의 몸값도 올라가자 단기 고액알바 부업이라는 입소문이 나면서 '쿠팡이츠'나 '부릉' '바로고'와 같은 배달 라이더의 지원자는 갈수록 늘어나고 있다.

쿠팡이츠 배달파트너가 되려면 스마트폰에 앱을 설치한 후 기본정보를 입력한 다음 이동수단에 따른 보호장구 및 안전벨트 착용 같은 안전준수 동영상을 5분 정도 시청한다. 배달수수료는 기본요금으로 3,300원이며, 여기에 거리할증과 주문건수, 야간할증 등이 붙게 되면 수수료가 오른다. 피크타임에는 8,500원 정도까지 받을 정도로 배달수수료가 크다는 장점도 있다. 보통 3시간에 4만원 정도로 시급은 최저시급보다 높

은 1만3천원 정도 된다. 일하는 기간 1주일을 기준으로 1주일 정산기간을 거쳐 약 14일 이후 입금되는데 사업소득 원천징수 3.3%가 공제되어 지급된다. 처음 교육동영상을 시청하고 간단한 문제를 풀면 2만원 지급과, 최초 가입 후 1주일 안에 10회 콜을 달성하면 3만원, 신규 지역 배달 수수료 추가 지급, 친구소개 1만원 지급(초대한 친구가 7일 안에 10건 배달 완료하면 친구와 본인 모두에게 1만원씩 지급), 야간할증 추가수수료를 주는 등 다양한 프로모션이 있다.

주의할 점은 배달시 도보라도 헬맷과 배달가방(쿠팡이츠 고객센터에서 3만5천원에 구입), 수건이나 쿠션(배달가방 안에서 음식물 등이 흘릴 수 있기 때문에 고정용으로 사용) 등을 꼭 챙겨야 한다. 자신의 배달평점에 따라 배달 분배가 달라지기 때문에 배달 수락률과 고객평가가 반영된 평점관리에 신경을 쓰는 것이 좋다. 킥보드로 운행하려면 자전거로 가입하면 된다. 배달시 가게에서 쿠팡이츠 주문이라는 것과 주문일련번호를 꼭 확인하고 가는 것이 좋다.

 **차량 호출 플랫폼,
파파크루**

차량호출 플랫폼, 파파(PAPA)는 '이동이 즐겁다'를 모토로 2018년 ㈜파파모빌리티가 론칭한 것으로, 프리미엄급 택시 서비스라고 할 수 있다. 가격이 일반택시보다 비싸긴 하지만 고품격 서비스 제공과 편의성과 안전성을 보장해 주어 여성 특히 아이들을 키우는 육아맘들에게 좋은 반응을 얻고 있다. 이처럼 고품격 프리미엄 택시 서비스를 제공하는 '파파'를 운전하는 기사가 바로 '파파크루'다.

파파는 아이들을 위한 '파파키즈', 골프 이용객을 위한 '파파골프', 공항을 오가는 여행객을 위한 '파파에어' 등 다양한 고객의 니즈에 맞는 맞춤 서비스도 제공한다. 서비스 이용시간은 오전 6시부터 다음날 새벽 2시까지로, 서울 전 지역에서 출발해서 과천, 하남, 성남, 구리, 남양주(다산동) 등 경기도 일부까지 도착이 가능하다. 파파 서비스는 아직 베타 서비스 기간으로 향후 서비스 지역을 확대해 갈 예정이다. 서비스 이용은 '카카오 택시'나 '티머니 온다 택시'와 비슷하다. 이용자는 먼저 구글플레이, 앱스토어에서 '파파' 앱을 설치한 후 회원가입을 하고 결제카드를 등록한다. 그런 다음 차량 출발지를 입력하고 도착지를 입력해 호출하면 된다. 파파 차량이 도착하면 승차하고, 목적지에 도착하면 앱에 등록된 카드에서 자동으로 결제가 된다.

파파크루 지원 자격조건은 만 26세 이상으로 운전면허 보유자다. 지원자는 홈페이지 상단에 파파크루 지원하기에 접속한 후 이름과 전화번호, 생년월일 등 개인정보 및 보유면허 종류, 희망근무시간(주간, 오후, 야간 타임 등), 희망차고지(강남권, 강북권) 등을 적은 온라인 신청서를 제출하면 된다. 특별한 하자가 없으면 내부심사를 거쳐 채용되는데, 크루가 된 후 업무성과에 따라 승진심사제도를 실시해 1년 내 임원까지 될 수 있다. 파파는 고객에게 3가지 인사말을 하지 않으면 요금을 받지 않는 등 모든 크루들에게 친절교육을 엄격하게 강조한다.

카카오T 대리

카카오T 대리기사가 되면 원하는 시간에, 원하는 지역에서, 원하는 만큼 운행할 수 있어 부업(투잡)이 가능하다. 운행일이나 시간에 제한이 없으며, 카카오T 대리 운행으로 발생한 소득이 현재 일하고 있는 직장에 자동으로 알려지지도 않는다. 만약 소속된 회사에서 카카오모빌리티로 기사의 소득확인을 요청하는 경우에도 기사의 개별소득을 확인해줄 의무를 지지 않는다.

카카오T 대리 콜을 수행하기 위해서는 반드시 본인이 기사로 등록되어 있는 카카오T 대리기사용 앱과 운전면허증을 소지해야 한다. 카카오T 대리기사라 하더라도 다른 대리업체 운행과 병행도 가능하다. 다만, 타업체 콜 수행을 이유로 카카오T 대리를 통해 이미 배정된 콜을 취소하

는 경우 불이익을 받을 수 있다. 배정 후 취소는 이용고객과 다른 동료 기사에게 피해를 입힐 수 있으므로, 부득이한 사정으로 수락한 콜을 수행하기 어렵다면 가급적 빨리 취소하고, 콜을 수락하기 전에 출발지/목적지/요금을 확인한 후 신중하게 하는 것이 좋다. 만일 고의적 혹은 반복적 배정 후 취소 발생 시 서비스 이용에 제한을 받을 수도 있다.

2종 보통 이상의 운전면허를 취득 후 만 1년이 경과한 사람이면 언제든지, 누구나 신청 가능하다. 먼저 구글 플레이와 앱 스토어에서 카카오T 대리기사용 앱을 다운로드 받아 계정을 생성한다. 그 후 운전면허증 및 프로필 사진 등록, 보험심사를 요청한다. 약 3~7일 정도의 심사가 완료되면 카카오T 대리기사용 앱과 카카오톡 메시지로 결과를 알려준다. 신청 결과를 확인 후 운행 및 정산을 위한 추가정보를 입력하면 등록이 완료된다. 등록 신청 후 진행 상황은 앱에서 확인할 수 있다. 회원탈퇴 시 1개월이 경과 후 재가입도 가능하다.

더 많은 활동을 하는 기사에게 더 많은 혜택을 주고자 기사보상 프로그램이 운영된다. 운행완료 시 콜별로 안내되는 점수를 얻을 수 있으며, 주간활동 점수 구간별로 다양한 혜택이 주어진다. 매주 월요일 14시 이전까지 운행 완료한 콜을 기준으로 주간활동 점수가 적립되며, 기준 시간 이후 지난 한 주간 적립된 점수는 자동 소멸되고, 새로운 주간점수를 쌓을 수 있다. 주간점수 달성시 구간별 혜택이 제공되는데 레드, 퍼플 기사에게는 주간 누적 운행금액의 5~10%를 주는 리워드 포인트 혜택이 제공되고, 콜 수요 지도 기능, 기사위치 확인 기능 등의 혜택을 블루, 레드, 퍼플 기사에게 제공해 준다. 단, 기사의 주간기사 배정 후 취소율이 일정 기준을 초과하는 경우 해당 주의 리워드 포인트는 지급되지 않을 수 있다. 국내 세법에 따라 주간 리워드 포인트 금액이 33,333원을 초과할 경우 원천세(3.3%) 공제 후 지급된다.

특히, 사고이력과 기존 활동이력, 지역 운행이력, 사고/과태료, 평점 정보 등을 종합적으로 고려하여 우선 신청 가능한 기사를 프리미엄 기사로 선정해 주간혜택과 귀가지원비 지급, 파트너 지원 프로그램 등 다양한 혜택도 주어진다.

이밖에도 대리운전 종사자들의 부업으로 인기있는 '쏘카 핸들러'도 있다. 이곳저곳 흩어져 있는 쏘카 차량을 정해진 위치에 가져다주고 건당 1만원 내외의 수당을 받는데, 출퇴근길 방향만 맞으면 돈을 벌면서 다닐 수 있는 셈이다. 비대면으로 진행되기 때문에 대인 스트레스가 없고 핸들러 가입부터 차량예약, 운행과정 모두 앱 하나로 가능하기 때문에 간편하다는 장점이 있다. 한편, 그동안 많이 알려져 있던 타다 대리, 핸들모아는 2021년 8월을 기점으로 사업을 중단했다.

홈클리닝 서비스 플랫폼,
청소연구소

청소연구소는 가정 청소만을 집중적으로 진행하는 가사도우미 플랫폼이다. 맞벌이부부가 늘면서 직장과 육아, 가사일을 해야 하는 워킹맘의 고민은 점점 커지게 되었다. 또한 바쁘고 시간이 부족한 1인 가구들이 늘어나면서 청소와 밥하기, 빨래와 설거지까지 해결해 주는 가사도우미 서비스 수요가 증가했다. 매월 신규고객이 20% 증가하며 1년여 만에 현재 누적 가입자 수는 5만명, 매니저(가사도우미)는 2만명을 돌파했다. 전체 가입자 중 정기 서비스 사용자가 60% 이상, 재이용률은 85%에 달한다.

1인 가구나 워킹맘의 경우 특별히 사생활보호와 안전에 대해 더욱 신경 쓸 수밖에 없기 때문에 청소연구소는 검증된 5단계의 절차를 거친 후 꼼꼼하게 매니저를 채용하고 있다. 청소연구소는 기존에 사용하던 청소도우미라는 호칭 대신 매니저라는 호칭을 사용한다. 청소연구소 매니저는 30세에서 65세 사이의 여성이면 누구나 지원할 수 있다. 매니저 등록을 위한 회비나 업무수행에 따른 수수료는 없다. 자신이 원하는 시간에 원하는 장소에서 선택하면 되는데, 고객 집의 위치, 평형 등 상세 업무조건을 미리 보고 직접 선택한다. 또한, 전문교육에 참석해서 100% 교육을 수료한 매니저만 활동할 수 있다.

홈 매니저 수입은 고객이 결제한 금액 중 90%를 받게 되고, 10%는 중개수수료로 생활연구소가 가져간다. 시급은 일반적으

로 1만1천원~1만3천원 정도이며, 풀타임 매니저의 경우 월 평균 200~300만원의 수익을 얻기도 한다. 월 130시간 이상 일한 경우 10만원의 성과금이 있고, 그 이상으로 일하면 별도의 보너스도 지원하는 등 업계 최고 대우와 복지 서비스를 지원한다. 홈 매니저는 전업뿐만 아니라 자신이 원하는 시간대에만 일을 할 수도 있기 때문에 부업으로 일하는 매니저도 적지 않은 것으로 알려져 있다. 현재 청소연구소 서비스 지역은 서울과 경기, 인천을 중심으로 하고 있으며 최근에는 부산 지역도 오픈해 매니저를 모집중이며 점차 전국 광역도시로 확대해갈 예정이다. 향후 청소 외에도 베이비시터와 어르신 돌봄, 반려동물시터 등 다양한 가사활동 영역으로 서비스를 넓힐 계획이다.

펫시터 플랫폼,
와요와 펫트너

개와 고양이 같은 애완동물을 키우는 반려견과 반려묘 인구가 1,500만 시대가 되면서 그와 관련한 펫산업도 매년 급성장하고 있다. 특히 직장생활과 여행, 출장, 외근, 야근 등으로 반려동물을 돌봐줄 일손이 부족한 맞벌이부부와 1인 가구들에게 주인이 없을 때 대신 돌봐줄 반려동물 집사가 필요한데, 이런 시

"전문가를 구하는 것도 아니고, 잠깐 일 도와주는 사람을 구하는 건데 그냥 근처에 있는 사람에게 도와달라고 하면 되지 않을까?"

당빠는 당일(즉시) 알바의 줄임말로 오늘 바로 즉시 면접을 보고, 알바를 구할 수 있는 구인구직 앱이다. 구인하는 회사와 구직하는 개인간 복잡한 면접을 채팅으로 채용 여부를 즉시 빠르게 결정할 수 있는 속전속결 아르바이트 어플이다. 구인자나 구직자의 입장에서 쌍방이 신속하고 간편하게 알바를 구할 수 있다는 장점이 있다. 구직자의 경우 구글플레이에서 당빠를 설치하고 알바 또는 정규직 일자리를 구하는 개인인지 혹은 프리랜서, 투잡 또는 재택알바를 원하는 개인인지 선택하고 개인 프로필(이름, 성별, 나이, 핸드폰 번호, 지역, 구직직종, 구직내용 등)을 작성한다. 다음으로 1차 직종과 2차 직종을 세부적으로 선택한다. 예를 들어 1차 직종에서 교육, 강사를 선택하면 2차 직종에서 입시보습학원, 컴퓨터·정보통신, 요가·필라테스 강사, 방문학습지, 유아·유치원 등 세부적인 분야를 정한다. 핸드폰으로 본인인증을 거치면 그 다음 단계에서는 자신의 이름, 성별, 나이, 근거리, 가능한 업무, 지역 등의 소개가 뜬다.

빠르게 구직하려면 앱 상단의 구인메뉴에서 지역과 직종을 설정한 뒤 구인하는 기업의 이름과 거리, 구인 및 급여내용 등을 확인하고 구인자에게 지원하기 쪽지를 보내 면접을 기다리면 된다. 필요에 따라 문자, 전화 등의 방법으로 지원할 수도 있다. 또한 자신의 구직정보란에도 희망지역과 희망직종, 근무형태, 희망급여, 최종학력, 경력, 자

격증, 관련 이미지 등을 친절하고 구체적으로 기입하면 구인자의 신뢰를 얻어 구인자에게 쪽지를 받고 매칭될 가능성이 높다.

당빠와 비슷한 부업으로는 ㈜니더의 실시간 알바매칭 서비스인 '급구'와 바로면접 알바앱 '알바콜', 내 주변에서 알바찾는 '동네 알바' 등이 있다. '급구'는 공고 등록부터 채용까지 평균 20분 정도 걸리는 쉽고 빠른 단기 알바채용 서비스다. '알바콜'은 국내최초 취업포털 인크루트가 만든 아르바이트 O2O서비스다. '동네 알바'는 알바 지원자가 프로필을 등록하면 자신에게 관심있는 사장님에게 일자리 제안을 받을 수 있는데, 동네 거주지 주변에서 일자리를 먼저 구할 수 있다. 앱에서 편리하게 대화를 나누고 면접에 드는 시간과 비용을 아낄 수 있다.

장의 수요에 맞게 떠오르고 있는 일자리가 펫시터(도그 시터, 캣 시터)다. 반려동물을 돌봐주는 집사, 펫시터의 대표적인 플랫폼에는 와요(wayo)와 펫트너(petner)가 있다. 부업으로 가능하기에 애완동물 돌봄서비스에 관심있는 부업러들이 눈여겨볼 만하다.

@ 와요(wayo)

'펫시터가 와요'라는 의미의 와요(wayo)의 모든 펫시터는 신분증 사본, 등초본, 신원보증 부대까지 3단계로 까다롭게 신원을 검증한다. 펫시터로서 필요한 지식과 실력을 갖출 수 있도록 〈TV 동물농장〉에 출연중인 이찬종 훈련사(사단법인 Korean Standard Dog 문화교육원 대표)의 펫시터 전문교육을 수료하게 된다. 서비스가 끝나면 앱에서 수익을 실시간으로 확인하고 주 단위로 정산을 받는다. 현재 수도권, 부산, 대전, 세종, 대구 거주자이며, 강아지나 고양이와 5년 이상 함께한 경험이 있는 27세 이상(94년생부터 가능)이면 누구나 지원 가능하다. 지원자는 와요 홈페이지 상하단의 지원버튼을 눌려 서류지원서를 작성하면 된다. 서류합격자에 한해 펫시터 자격 관련 인터뷰를 진행한다. 이후 이론 및 실습(산책) 교육과 서비스 교육 등 전문교육을 수료하고 본격적으로 펫시터로 활동하게 된다.

방문 펫시터로 활동하면, 앱 '와요'를 통해 자신의 위치에서 가까운 고객 예약을 바로 잡아서 이동할 수 있고, 자신이 원하는 시간에 자유롭게 일하며 자유로운 스케줄 관리가 가능하다. 자동차, 대중교통, 도보 등 자신이 원하는 이동수단으로 고객의 집까지 편하게 방문할 수 있다. 적게는 30분에 1만3천원부터 최대 2시간에 2만6천원까지 원하는 만큼 수익을 올릴 수 있다. 한편, 반려동물을 돌보다가 펫시터가 상해를 입을 경우, 최대 1회 10만원의 병원 진료비를 지원하고, 반대로 해당 반려동물이 다쳤을 때는 최대 100만원까지 지원해 준다.(단, 펫시터의 귀책사유일 경우 보험지원 불가)

@ 펫트너(petner)

펫트너(petner)는 자신을 대신해줄 우리집 반려동물 파트너란 의미의 펫시터(집사)를 말한다. 전문가의 프리미엄급 펫시팅 플랫폼으로 반려동물 전문가를 매칭해 주는 서비스를 제공하고 있다. 일반적인 펫시터가 불안하고 만족스럽지 못하다면 신원검증이 완료된 100% 수의사, 수의대생, 수의테크니션(동물병원 1년 이상 재직)들이 제공하는 돌봄서비스에 안심하고 맡길 수 있다.

펫트너 역시 까다로운 5단계 신원확인을 통해 활동할 수 있는 자격이 충분한지 확인한다. 또한 만일의 사고를 대비하여 펫트너 전원이 전문인배상책임보험(한화손해보험)에 가입되어 있어 안심하며 이용할 수 있게 했다. 펫트너 플랫폼을 통해 매칭된 펫시터가 반려동물 돌봄의뢰 수행 도중 반려동물에게 신체적 손해를 입을 경우 보장한다. 펫시터의 수익은 돌봄서비스(방문, 위탁)와 방문 미용 서비스 종료 후 고객이 결제한 금액에서 플랫폼 수수료를 빼고 받게 된다. 수수료는 활동경력에 따라 등급별로 차등 적용되는데 신규 펫트너는 25%의 수수료가 적용되고, 경력활동에 따라 20%까지 낮춰진다. 전업 펫트너의 경우 월 200만원 정도의 수익을 올린다고 한다.

약 600여 명의 펫시터가 활동하고 있는 펫트너는 현재(2020년 12월)까지 약 1만3,347마리의 반려동물이 돌봄을 받았다. 펫트너는 서울에서 가장 활발하게 서비스가 이루어지고 있으며, 전국 10개 수의과 대학 소재지와 펫시터 거주지 주변지역에서 서비스하고 있다. 대부분 프리랜서로 등록되어 있으며, 전문가의 영역에 따라 다르게 선발된다. 수의사의 경우 면허증과 경력을 확인하고 등록한다. 수의과대학 학생은 전국 수의과대학의 로컬 디렉터에

의해 모집하고, 동물복지활동이나 근무경력 등을 체크한다. 동물병원 간호사인 수의테크니션은 처치 테크니션으로 1년 이상 근무한 동료를 통해 확인 후 등록하게 된다.

한편, 반려동물 돌봄 서비스 플랫폼에는 와요와 펫시터 외에도 펫플래닛, 페팸, 도그메이트, 페티안, 도그케어, 펫미 등이 있다.

배달의 민족,
배민커넥트와 배민라이더스

코로나로 인해 외식보다 배달로 음식을 시켜 먹는 소비자들이 부쩍 늘어나면서 배달 관련 산업이 특수를 맞고 있다. 이에 따라 배달의민족(배민), 요기요 익스프레스, 쿠팡이츠, 부릉, 바로고 같은 배달 관련 플랫폼의 경쟁이 심화되고 있으며, 배달을 직접 담당하는 라이더들의 모집경쟁 또한 치열해지고 있다. ㈜우아한형제들의 배달플랫폼 서비스에는 '배민커넥트'와 '배민라이더스'가 있다. 이곳에서는 '커넥터'와 '라이더'의 과로로 인한 근무사고 등의 예방을 위해 2020년 3월 4일부터 2060정책을 실시하고 있다. 2060이란 부업형태를 지향하는 배민커넥트의 취지에 맞게 1주일에 20시간까지 운행이 가능하며, 배민라이더는 주 60시간 근무를 할 수 있게 하는 배민라이더스의 정책이다.

@ 배민커넥트

배민커넥트는 자신이 원할 때 하루 1시간부터 최대 20시간까지 일할 수 있는 배달 아르바이트로 퇴근길에 자동차로, 주말 오후 시간 날 때 자전거나 전동 킥보드로, 집 앞에서 걸어서 혹은 오토바이로 부담 없이 누구나 시작할 수 있다. 원하는 지역과 시간을 자신의 라이프스타일에 맞춰 자유롭게 선택할 수 있으며, 신청지역 내 어디서든 자유롭게 배달할 수 있다. 배달경험이 없는 초보도 가능하다.

자신이 배달한 건수와 거리만큼 수입이 계산되어 매주 정산되는데 시간당 평균 수입은 1만5천원 정도(2020년 5월 기준)이다. 배달 수단과 지역, 거리에 따라 배달금액이 다르며, 해당금액은 사전공지 후 변경될 수 있다. 19세 이상이면 배민커텍트 홈페이지에서 지원서 작성이 가능하다. 단, 오토바이와 자동차 시간제 보험은 만 26세 이상부터 이용이 가능하다.

@ 배민라이더스

2015년 6월 첫선을 보인 배민라이더스는 '배달의민족' 앱을 활용해 식당에서 음식을 받아 고객에게 배달해 주고 건당 수수료를 받는 배달전문 서비스다. 배민라이더스 라이더는 오토바이를 이용해 주 60시간까지 근무하는 배달원이다. 전국 모든 서비스 가능 지역에서 지입계약 라이더 형태로 모집하고 있으며, 2020년 12월 현재 3천여 명 정도 활동하고 있다. 지입계약제는 고용계약 근로자가 아니고 위수탁계약을 체결한 개인사업자 신분이다.

모집조건은 만 19세 이상(미성년자 불가)의 남녀 누구나 가능하며, 스마트폰을 가진 초보자도 상관없다. 지입계약 라이더이므로 개인바이크를 소유해야 한다. 배달 1건당 평균 수수료는 3천원 정도로, '우아한 형제들'에 따르면 배민라이더스의 월평균 소득은 379만원 정도라고 한다. 2020년 12월은 423만원, 상위 10%는 632만원의 소득을 올렸다고 밝혔으나 개인의 역량과 배달건수에 따라 차이가 있으며, 초보 라이더의 경우는 소득이 더 줄어들 수 있다. 라이더는 배달건수와 배달거리만큼 수익을 매주 정산 받는다. 안전을 위해 산재보험에 가입되며, 보험료는 회사와 반씩 부담한다. 배민라이더스 근무형태는 건당제(월평균 250~500만원)와 주말 풀타임제(하루 평균 10~15만원), 시급제+인센티브제(월평균 200~300만원)가 있는데 3천여 명의 라이더 중 90% 이상이 건당제(지입제)로 계약을 맺고 활동하고 있다.

육아 · 돌봄 플랫폼,
맘시터

맞벌이 부모를 대신해 육아와 양육을 대신하는 돌봄서비스의 수요는 꾸준히 증가하고 있다. 코로나19의 여파로 어린이집과 유치원이 문을 닫고, 유 · 초등생 자녀들이 학교에 가지 않으면서 자녀 육아와 양육, 돌봄에 대한 수요는 더욱 폭증하기 시작했고 관련 도우미 시장도 커지고 있다. 과거에는 육아도우미를 구하기가 쉽지 않았지만, 요즘은 휴대전화만 있으면 앱으로도 쉽고 간편하게 구할 수 있어 3040 워킹맘들 가운데 이용자가 많아지고 있다. 육아돌봄 서비스 플랫폼으로는 맘시터와 자란다, 놀담, 단디헬퍼, 시터넷 등이 있는데, 이 가운데 대표적인 곳으로는 '맘시터'가 있다.

맘시터는 ㈜맘편한세상 정지예 대표가 직장생활과 육아를 병행하는 데 어려움을 겪는 직장선배들을 보며 창업한 육아돌봄 플랫폼으로, 3년 만에 누적 회원수가 50만

명을 돌파하고, 전국적으로 맘시터가 9만명에 이를 정도로 급성장했다. 아이를 돌봐줄 맘시터가 필요하면 '부모회원' 가입을 하고, 든든한 맘시터로 활동하고 싶으면 '시터회원' 가입을 하면 된다. 신생아인 0세부터 만 10세까지 돌봄서비스가 가능하다. 맘시터로 활동하면 하루에 3시간만 일해도 월 60만원을 받는다. 아이 1명을 돌보는 경우 평균 시급 8,600원 이상을 받게 되고, 아이 2명을 돌보는 경우 희망시급의 1.5배 수준으로 받는다. 특히 보육교사, 유치원 정교사, 특수학교(유치원/초등) 정교사, 초등학교 정교사 자격증을 보유하고 있는 맘시터는 부모들에게 가장 인기가 많고, 전문성을 인정받아 비교적 높은 시급을 받을 수 있다. 가정주부, 대학생, 일반인(맘시터로 활동하고 싶은 취업준비생, 회사원, 프리랜서 등) 모두 지원 가능하다.

맘시터는 19세 이상의 내국인만 가능하며, 모두 '본인인증'으

로 주민등록번호가 확인되고, 등초본·출신학교·자격증 보유 여부·가족관계·건강인증 등 7가지 인증시스템으로 맘시터 고객 안전관리팀에서 꼼꼼히 확인하고 관리하여 부모들이 안심하고 아이를 맡길 수 있게 하고 있다. 또한, KB손해보험을 통해 안전보험을 들어 혹여 맘시터를 통해 매칭되어 아이를 돌보다가 시터의 과실로 발생하는 대인사고(최대 1억2천만원 한도)와 대물사고(최대 1천만원 한도)를 보장한다. 정기 돌봄의 경우에는 시터와 협의에 따라 주급 또는 월급으로 진행하고, 당일 돌봄 등 단발성으로 활동하는 경우에는 돌봄이 완료된 후 바로 전달한다. 한편, 맘시터는 자기소개 내용에 연락처나 이메일, 카카오 ID 등을 작성할 경우 회원자격을 영구적으로 상실하므로 주의해야 한다. 자기소개 작성이 어렵다면 기존 사례들을 참고하여 부담 없이 작성하면 된다.

도보 배달 플랫폼, 우리동네 딜리버리

코로나19로 인해 배달이 급증하면서 기존 오토바이를 이용한 배달형태에서 도보배달 서비스까지 등장하고 있다. 배민커넥트 배달서비스에 이어 우딜의 도보배달 서비스, 그리고 경쟁업체인 CU도 편의점 도보배달 서비스에 뛰어들 만큼 도보배달

서비스시장 또한 경쟁이 치열해지고 있다.

우리동네 딜리버리(우딜)은 자신이 사는 동네를 중심으로 도보로 배달을 하는 서비스를 말하며, 배달자를 우친(우리동네 딜리버리 친구)이라고 부른다. 우딜은 GS리테일이 만든 자체배달 서비스 플랫폼으로 일반인들이 배달원으로 참여할 수 있게 한 모바일 앱이다. 만 18세 이상이면 누구나 배달자(우친)로 아르바이트를 할 수 있다. 우딜 서비스는 해당점포 반경 1.5km 이내인 동네에 접수된 주문 콜을 잡아 걸어서 배달한다. 우친은 반경 1.5km 이내에 5kg 미만의 GS리테일 상품을 동네 고객에게 배달하고, 그 외는 전문 오토바이 라이더가 배달하는 식이다.

배달수단은 도보로 한정되어 있으며, 대중교통이나 킥보드, 자전거를 이용하지 않는 것이 좋다. 일정 장소에서 대기중 요기요에서 주문이 들어오면 GS25 편의점 가맹점주가 물건을 준비하게 된다. 그동안 우친은 우딜 앱에 주문이 뜬 것을 확인하고 그 주문건수를 잡아 GS25 점포에 도착하여 상품 픽업과 동시에 목표장소까지 배달을 한다. 정해진 시간 안에 배달을 완료해야 하기 때문에 시간을 맞추는 노력이 중요하다. 도착 후 고객에게 사진을 폰으로 찍어 전송하면 배달이 완료된다.

600m 미만은 2,800원, 600m~1km는 3,000원, 1km~1.5km는 3,200원 정도의 소소한 배달수수료를 받게 된다. 매주 월요일부터

일요일까지 일을 해서 번 돈은 그 다음 주 목요일에 등록계좌로 지급된다. 우딜은 배민라이더나 일반 오토바이 배달처럼 배달을 전문적인 직업으로 하는 것이 아니기 때문에 큰돈을 벌려고 하기보다 여유시간을 활용해서 용돈벌이 정도로 가볍게 생각하는 것이 좋다. 산책을 나가거나 걷기 운동이 필요하거나, 잠시 남는 시간을 생산적으로 활용할 경우 하는 것이 좋다. 주의할 점은 앱에 편의점에서 상품준비 완료라는 메시지가 뜰 때 출발하는 것이 좋다. 오전 11시부터 오후 11시까지 운영하기 때문에 오후 10시까지만 주문을 받을 수 있다. 우딜 콜은 먼저 잡는 게 임자라는 말이 있을 정도로 이용자들이 많아 경쟁이 치열하다 보니 콜을 놓치지 않도록 핸드폰을 집중해서 잘 보는 것이 유리하다.

실시간 인력중개 플랫폼,
애니맨

"바퀴벌레가 무서워요. 제발 빨리 와서 잡아주세요" 새벽이든 낮이든 이와 같은 고객의 문제를 누군가 실시간으로 재빨리 해결해 주는 서비스가 있다면 얼마나 좋을까? 실시간 인력중개 플랫폼 애니맨(anyman)은 이처럼 언제(anytime) 어디서나 (anywhere) 무엇이든(anything) 누구나 일하며 정당하게 대가를 받을 수 있는 부업이다. 초등 자녀가 있는 경우 녹색 어머니를 대신해 주거나 맞벌이 부부의 경우 반려견 돌봄 등 서비스 요청이 많다. 현재 전국에서 활동하는 애니맨 헬퍼는 약 6만 명이며, 현재 애니맨 헬퍼를 이용한 고객들의 평점은 5점 만점에 4.8점이 나올 정도로 만족도가 높은 편이다.

헬퍼와 이용자는 애니맨 앱을 통해 서로 문제를 공유하는 공개입찰 방식으로 서비스 후에 정산이 진행된다. 예를 들어 "우리 아기 분유가 떨어졌는데 분유 좀 사다 주세요" 요청하면, 그 주변에 위치한 헬퍼가

각각 입찰을 하게 되고 사용자는 프로필 사진과 미션수행 이력, 의뢰인 만족도 등을 보고 직접 마음에 드는 헬퍼를 선택하는 식으로 미션이 진행된다. 어떤 미션에 대해 사용자와 헬퍼 모두 원하는 가격을 제안할 수 있고, 사용자와 헬퍼도 각각 상대방의 평판을 실시간으로 볼 수 있으며, 평점도 줄 수 있다. 헬퍼의 평점은 수익에도 크게 영향을 미치기 때문에 높은 평점을 받도록 성실하게 미션을 수행해야 한다.

이용자는 애니맨 앱 안에서 자신이 원하는 헬퍼를 직접 선택할 수 있다. 헬퍼들이 제시한 가격 비교는 물론 인상착의나 다른 고객의 이용평가 내용까지 확인이 가능하다. 헬퍼 역시 자신의 프로필에 본인 PR이 가능하다. 예를 들어 "저는 한 가정의 가장입니다. 아이들과 있을 때 가장 행복합니다"라는 문구를 적게 되면 이를 보고 마음에 든 고객이 선택하게 된다. 헬퍼의 신뢰도가 상승할수록 헬퍼의 가치도 동반 상승하게 된다. 또한 애니맨은 헬퍼를 교육시키는 아카데미를 개설해 임직 뱃지를 주어서 사용자의 신뢰도를 향상시키고 있다.

애니맨 헬퍼 지원자는 미성년자를 제외하고, 신원만 확실

하면 누구나 가능하다. 신원 검증은 5단계를 거치는데, 신분증, 신분증을 들고 있는 본인사진, 휴대전화 번호, 계좌번호, 성범죄 이력 조회 등이다. 한 번 헬퍼가 되면 치명적인 문제를 일으키지 않는 이상 평생직장으로 가져갈 수 있다. 신원이 확실하고, 성실성이 담보된다면 어딜 가든 평생 먹고 살 수 있는 부업이다. 특별한 결격 사유가 없는 한 헬퍼는 누구나 가능하고, 자기만의 레퍼런스를 쌓아 신뢰도를 높이면 그만큼 수익도 증가한다. 서울에서 살던 헬퍼가 부산으로 이사 가서도 애니맨으로 활동하면서 수익을 창출하며 먹고 살 수 있다. 헬퍼는 수익의 90%를 받게 되며 나머지 10% 수익 중 애니맨이 7%, 카드 수수료가 3%로 빠진다.

요즘 코로나19로 직장을 잃은 사람 중에 헬퍼로 지원하는 케이스가 많아지고 있다. 지원 연령대는 남녀노소 20대부터 70대까지 다양하고, 대학생부터 일반 프리랜서, 사업가, 교수, 변호사, 영어 번역가, 지체 장애인까지 다양한 직업을 가지고 부업으로 하는 헬퍼도 많다. 기초생활 수급자였던 헬퍼의 경우 매월 100만원에서 150만원까지 벌고 행복해 하는 사례도 있다. 다른 앱 서비스의 경우 청소나 운전을 잘하는 특별한 재능이나 기술이 한 가지 이상은 있어야 한다. 그러나 애니맨 헬퍼는 못을 박아주거나, 강아지 산책을 시켜주거나 어르신을 요양병원에 모셔다 드리는 등 특기가 없어도 성실하면 다양한 미션을 수행할 수 있다는 장점이 있다.

애니맨은 헬퍼와 고객이 스마트폰 앱을 통해 비대면 언택트로 만나서 문제를 해결하고 수익을 받기 때문에 코로나 시대 비대면 비즈니스에 맞게 계속 성장하고 있다. 유사한 플랫폼으로 김집사, 써지니, 해주세요, 도와줘, 품아시장 등이 있으니 자신에게 맞는 곳을 찾아 도전해 보자.

40대 중반의 L씨는 서울에서 고시원을 운영하면서 자투리 시간에 애니맨을 통해 가구조립 부업을 3년 넘게 하고 있다. 보통 하루에 한두 건 정도의 미션을 수행하면서 건당 2만원, 3만원부터 어려운 조립의 경우 많게는 10만원까지도 받으면서 월 100만원의 수익을 올린 적도 있다.

애니맨은 종류를 가리지 않고 원하는 일을 요청하는 시스템이다 보니 황당한 일들도 있다. 설거지나 김장, 대신 줄서기도 미션으로 자주 뜨는데 L씨는 바퀴벌레를 잡아주러 간 적도 있다.

"간단한 일들이지만 누군가에겐 그 순간 절실하다 보니 이용자들도 고마움을 많이 표현한다. 단순한 계약관계인 직업들과는 또다른 보람이 있다."

2 SNS 활용
- 지금은 브랜딩시대!

　　대표적인 SNS 마케팅 툴에는 유튜브와 블로그, 페이스북과 트위터, 인스타그램, 틱톡, 카카오스토리, 밴드, 카페 등이 있다. 조회수와 팔로어 등이 일정한 규모가 되는 파워블로거나 인플루언서, 유튜버가 되면 본업을 능가하는 엄청난 수익을 올릴 수도 있다. 유튜브 구독자 200만명을 훌쩍 넘는 커플 유튜버 '임라라와 손민수(엔조이 커플)'는 채널운영 8개월 만에 첫 수익 8만원을 낸 후 꾸준한 노력을 통해 컨텐츠 누적 조회수가 7억4천만 이상을 기록하고 최근에는 한 달에 외제 차 한 대 정도의 수익을 올리는 것으로 알려졌다. 또한 154만명의 구독자가 있는 유명 유튜버 신사임당은 기존 채널 외에 '돈만 보고 하는 새로운 채널'을 6개월간 키운 결과 구독자 8만명에 월 7천만원 정도의 매출을 올려 화제가 되기도 했다.

유튜브 크리에이터의 수익창출 기준인 만 18세 이상 구독자 1천명과 1년간 총 4천 시간 콘텐츠 시청의 목표를 달성하면 구글에서 광고를 붙여주고, 수익을 얻게 된다. 파워블로거의 경우도 업체로부터 홍보기사 게재나 마케팅 제휴, 공동구매 진행 등 다양한 방법을 통해 수익을 창출한다.

 ## 모든 SNS의 기본,
네이버 블로그

블로그 하나 안 만들어본 사람 없을 정도로 기본이 된 SNS. 그러나 블로그를 단지 일기장으로 쓰고 있는 사람과 다양한 부업으로 승화시킨 사람 사이에는 커다란 차이가 존재한다. 수익을 가져오느냐 그렇지 못하느냐. 블로그 하나만 있어도 할 수 있는 부업이 무한한데 아직도 없다? 디지털 부업의 기초인 블로그 개설부터 시작하자. 수익을 내는 블로그에는 네이버와 티스토리가 있다. 네이버 블로그는 '애드포스트'라는 자체 광고 플랫폼을 통해 광고수익이 발생하고, 티스토리는 유튜브 영상에 붙는 광고처럼 '구글 애드센스' 광고를 이용해서 수익이 발생한다. 일정한 조건이 충족되어 수익창출 승인을 받으면 애드센스 광고가 붙는데, 방문자가 광고를 클릭하게 되면 수익이 발생하게 된다. 수익형 블로그인 티스토리를 운영하는 유튜버 '리뷰요정 리남'의 수익은 월 700만원에서 1천만원 정도로 알려져 있다. 예스24, 알라딘 등에서도 자체 플랫폼 블로그가 있으나 모두 이 모태 블로그에서 출발하면 된다.

블로그 마케팅이란 네이버에서 글과 사진, 동영상 등을 이용해 블로그를 만들어 홍보하는 부업이다. 예를 들어 추천 여행지나 맛집 탐방을 하고서 일기처럼 자신의 일상과 취미를 올리며 경험을 쌓다가 일정한 시간이 지나 데이터와 방문자가 축적되면 자신

을 신뢰하고 따르는 팔로워들에게 자신이 판매할 상품과 서비스, 매장 등을 연결해 수익을 올리는 방법이다. 만일 방문자가 꾸준히 많아지고 인지도가 더욱 높아져 파워블로거나 인플루언서가 되면 기업체나 관련 업체에서 의뢰하는 리뷰나 블로그 대행 혹은 블로그 강의 등을 통해서도 수익을 창출할 수 있다. 퇴근 후와 주말의 쉬는 시간을 이용해 언제 어디서든지 PC와 스마트폰으로도 블로그를 만들 수 있으며, 무자본으로 손품과 발품을 팔아 시작할 수 있다. 글쓰기와 사진 찍기, 동영상 촬영하기를 좋아하는 사람이라면 조금 더 유리하지만 왕초보라도 조금만 배우면 누구나 쉽게 만들 수 있다.

그러면 블로그로 어떤 수익을 낼 수 있을까? 이를 알기 위해서는 다른 블로거들이 어떻게 수익을 내고 있는지 참고하는 것이 도움이 된다.

@ 셀프 마케팅

말 그대로 스스로 자신의 사업을 홍보하는 '셀프 마케팅'이다. 필자처럼 중고책 부업 같은 사업을 진행할 경우 스스로 자기 사업을 홍보하는 '셀프 홍보'를 통해 자신의 부업 영역에서 고정비용을 아낄 수 있다. 만약 자신이 직접 마케팅을 하지 않고 외부업체나 프리랜서 블로거에 맡기면 매월 30~40만원 정도의 비용을 지불해야 한다. 이런 홍보비용을 1년으로 따지면 400~500만원이고, 2년 이상 지속되면 1천만원 이상의 비용을 세이브할 수 있다. 사업 초기 이 정도의 금액을 아끼는 것도 돈을 버는 것 못지않게 중요하다.

@ 원고료 수익

자신의 사업이 아닌 외부에서 홍보 요청이 들어올 때 다른 업체나 업주의 홍보 블로그를 대신 작성해 주고 원고 수수료를 받게 된다. 블로그 작성 원고료는 블로그 글의 1개 값이 정해져 있는 것이 아니며, 블로그 방문자 수와 상위 페이지 노출 등을 고려한 광고주와의 협의에 따라 가격 책정이 이루어진다. 상위 노출의 빈도와 파워블로거의 영향력에 따라 1회에 몇만원부터 몇십만원 혹은 월 몇 회 이상 블로그 작성에 따라 얼마의 금액을 준다는 식으로 광고주와 블로거 상호합의하에 수수료가 정해진다.

@ 블로그 체험단과 기자단

실제로 돈을 받는 것은 아니지만 제품이나 서비스 이용권을 제공받고 리뷰 글을 올리거나 체험 후기를 올리는 것을 말한다. 예를 들어 블루투스 이어폰 같은 전자제품을 택배로 받아 리뷰를 올리거나, 맛집에서 제공해준 식사 상품권으로 음식을 먹거나 호텔이나 팬션 숙박권 등을 제공받고 체험 후기를 자신의 블로그에 글과 사진, 영상을 첨부하고 꾸며서 올리는 것이다. 시간에 여유가 없는 직장인이라면 자신이 원하는 상품이나 체험해 보고 싶은 음식점, 호텔, 팬션 상품 등을 신청하고, 체험단에 선정이 되면 직접 가서 먹고 자고 경험한 사진과 동영상을 찍어 블로그에 올리면 된다.

요즘 네티즌은 사용자들의 상품 리뷰글이나 솔직 체험 후기를 참고해서 선택하는 경우가 많기 때문에 업체에서는 리뷰단과 체험단의 글을 중시한다. 그래서 광고주들은 대행업체나 파워블로거에게 투자 개념으로 홍보비를 지불하면서까지 상품과 서비스 홍보에 열을 올리고 있다. 블로그 조회수가 많거나 이웃들이 많은 사람의 경우 리뷰단과 체험단에 신청하면 선정될 확률이 높아진

다. 리뷰단과 체험단으로 많은 돈을 벌 수 있는 것은 아니지만, 자신이 갖고 싶은 혹은 체험하고 싶은 상품과 제품, 서비스를 무료로 체험하고 소유하게 됨으로써 어느 정도 보상은 받을 수 있다. 또한, 정부와 지자체 공공기관이나 백화점 등 기업의 서포터즈로 활동비를 받고 해당 기관과 기업에서 주는 미션에 맞춰 블로그 글을 작성하는 블로그 기자단으로도 활동할 수 있다. 이 경우에도 해당 기관과 기업에서 제공하는 다양하고 색다른 문화체험 활동을 하며 상품권이나 소정의 활동비를 받을 수도 있다.

다만, 이런 경우 표시, 광고의 공정화에 관한 법률을 반드시 지켜줘야 한다. 공정거래위원회는 소비자들이 광고임을 더욱 명확히 알 수 있도록 경제적 대가 지급 사실을 '표준문구'에 따라 공개하도록 추천, 심사 지침을 개정(2014년 6월)해 시행하고 있다. 따라서 '업체로부터 상품 추천에 대한 경제적 대가를 지원 받았다'는 등의 공정위 문구를 반드시 기재해야 한다. 최근 일부 유명 유튜버들이 '내돈내산'(자신의 돈을 지불하고 샀다는 의미)이라는 허위표기를 하고 뒷광고를 한 것이 논란이 된 것도 이런 이유 때문이다.

@ 제휴 마케팅

블로그 포스팅을 열심히 하여 상위 노출을 할 수 있는 단계까지 가면 블로거의 브랜드와 해당 기업과 콜라보 형식으로 제휴 마케팅을 할 수 있다. 제휴 마케팅은 블로거가 고객으로 하여금 광고주가 원하는 행동, 예를 들어 신규 방문자 유입, 회원가입, 고객 매출 등을 유도하게 했을 때 광고비를 지급받는 것이다. 블로거가 해당 기업과 콜라보를 진행해서 마케팅을 도와주고, 블로거는 그에 대한 대가를 받는 것이다. 블로그의 이웃들과 방문자 수가 많아지면 해당 기업들이 알아서 찾아와 "우리 회사는 이런 상품을 기획하고 있는데 블로거님과 공동구매 사업을 같이하고 싶습니다"라는 러브콜을 제안하게 된다. 상호 합의하에 진행할 경우 블로거에게 일정 비율의 판매수수료를 지급하게 된다. 물론 이때도 기업들이 블로거에게 해당 상품과 제품의 샘플을 무료로 제공해주기도 한다.

@ 네이버 애드포스트와 구글 애드센스

유튜브에 영상을 올려 일정한 조건(조회수나 구독자)을 충족시키면 유튜브에서 알아서 광고를 올려주는 것처럼, 블로그도 일정한 조건(네이버의 경우 블로그 개설 90일 이상, 포스팅 50개 이상, 평균 방문자 수가 100명 이상, 다음 티스토리의 경우 블로그 개설 30일 이상, 공개 발행글 20개 이상 등)을 충족하면 블로그 중간과 하단에 파워링크 광고가 자동으로 붙게 된다. 방문자들이 블로그 글을 읽다가 파워링크 광고를 클릭하게 되면 노출 및 클릭에 따른 수익을 받게 된다. 어떤 블로거는 이것만으로 몇십만원에서 몇백만원의 수익을 올리기도 한다. 네이버 블로그의 경우 네이버 애드포스트 광고(2009년 6월부터 네이버에서 서비스중인 블로그를 위한 배너광고로, 신청하면 자신의 블로그에 광고가 게재됨)가 붙게 되고, 구글 블로그나 다음 티스토리 블로그, 워드프레스의 경우 구글 애드센스 광고가 붙게 된다. 한편, 다음 티스토리 블로그에는 구글 애드센스뿐 아니라 카카오 애드핏도 연동할 수 있다.

@ 공동구매

블로그 이웃들과 방문자가 많아지면 블로거는 자신의 블로그나 카페에 마켓(샵)을 열어 공구(공동구매)를 진행할 수도 있다. 블로거의 영향력이 커지면 자연스럽게 업체에서 해당기업 제품을 팔아달라는 공동구매 제안이 온다. 이때 블로거는 자신이 원하는 제품이나 써보고 싶은 제품을 실제로 체험해 보고, 자신이 직접 검증한 제품이 괜찮으면 판매할 수도 있다. 시간적 여유가 없는 직장인의 경우에는 공동구매 사업이 쉽지 않지만, 비교적 시간적 여유가 있는 직장인이나 자영업자, 전업주부의 경우 부담이 적다.

공동구매의 장점은 쇼핑몰과 다르게 큰 부담이 없다는 점이다. 쇼핑몰을 처음 시작하려면 최소 50개에서 100개 정도의 물건 구색도 갖추어야 하기에 규모가 커진다. 또한 쇼핑몰은 검증이 되지 않은 상태에서 초기 투자비용과 시간이 많이 든다. 그리고 365일 매일 오픈을 하기 때문에 계속해서 고객들의 문의와 상담 등 관리도 해주어야 한다. 하지만 공동구매는 아이템 서너 가지 정두만 가지고도 진행할 수 있고, 블로거가 원하는 날짜와 시간에 맞추어 깜짝 오픈을 할 수 있기 때문에 정해진 시간에만 집중해서 열심히 하면 된다. 특히 주부들의 경우 가사와 육아, 소형 가전, 가구 등 블로그를 많이 이용하는 여성과 아이 엄마들과 소통하고 공감할 수 있는 아이템들을 공략하면 큰 효과를 거둘 수 있다.

@ 강의와 모임

자신이 하고 있는 일이나 취미 분야에서 전문성이 있거나 자신 있게 잘하는 일이 있으면 강의를 할 수 있다. 누군가 나를 강의자로 초청해 주지 않아도 스스로 자신의 블로그에서 수강자를 모집해 진행할 수도 있다. 예를 들어 무자본·소자본 창업 강의나 블로그 글쓰기, 블로그 사진과 동영상 잘 올리는 법 등의 강의를 온라인 모임 혹은 원데이 클래스 등의 프로그램으로 진행할 수 있다. 이처럼 블로그를 잘 작성하는 것 하나라도 성과를 내면 강의와 소모임 형태로 연결되고 나중에는 강사로 진출하는 사람들이 많이 있다. 한편, 블로거가 강의를 몇 시간 동안 진행하기 어렵다면 소모임이나 스터디를 개설할 수 있다. 독서 모임이나 영어 회화 모임 등 창의적인 아이디어만 있으면 누구나 무료 혹은 유료로 모임을 만들 수 있다. 블로그 내에서 실제로 수익을 창출하는 것은 아니지만 블로그를 통해서 이웃과 방문자를 모집해서 컨텐츠를 운영함으로써 수익을 내고 영향력을 확대할 수 있다.

@ 코칭과 책 출간

블로거를 통해 성과가 나타나면 전문 마케팅 강사로 인정받게 된다. 그러다 보면 블로거의 영향력이 점점 커지게 되고, 경우에 따라서는 일대일 혹은 소그룹 코칭이나 기업 코칭과 기업 특강 등을 진행할 수 있다. 더 나아가 책도 출간하여 저자로도 인지도를 높이며 더욱 왕성한 활동이 가능하다. 또한 작가, 미술가, 가수 등 다른 분야 전문가와의 네트워크를 이루며 콜라보 형식으로 협업을 할 수 있게 되고, 이런 컨텐츠가 누적되다 보면 자신의 이름을 걸고 개인 브랜딩화도 가능하게 된다. 이를 발판으로 팬덤 마케팅과 굿즈 사업까지 진행하며 제2, 제3의 창업도 할 수 있다.

요즘 유튜브와 인스타그램, 틱톡, 브이로그 같은 동영상 컨텐츠를 기반으로 하는 SNS 홍보 마케팅이 대세를 이루면서 블로그 시대는 끝난 것이 아닌가 생각하는 사람들이 많다. 하지만 지금도 여전히 블로그의 힘은 막강하다. 위에서 살펴본 것처럼 블로그로 할 수 있는 일은 많으며, 블로그를 통한 비즈니스 창출, 수익 창출이 얼마든지 가능하다. 아무리 동영상을 즐기는 사람들이 많아진다 해도, 여전히 검색 기능을 통해 글을 읽는 사람은 있다. 또한 블로그에는 글뿐만 아니라 사진과 영상, 스티커, 지도 등 동영상 기반의 SNS가 담아내지 못하는 다양한 컨텐츠 등을 활용할 수 있는 매력이 있다. 무엇보다 블로그는 SNS 마케팅의 기본이고, 핵심이라고 할 수 있다.

다만, 블로그 운영은 꾸준히 올리고 관리하는 것이 중요하기 때문에 처음부터 지나치게 많은 욕심은 경계해야 한다. 방금 시작한 초보자인데 파워 블로거처럼 너무 많은 수익을 시작부터 기대하다 보면 얼마 못 가서 실망하거나 지쳐 포기할 수도 있다. 천 리 길도 한 걸음부터이고 첫술에 배부를 수는 없다. 매일 하루 혹은 2, 3일에 한 개씩이라도 꾸준히 올리는 것을 목표로 하는 것이 좋다. 그러다 보면 어느새 자신의 블로그에 광고가 붙고, 눈덩이 효과(Snow ball)가 적용되어 자연스럽게 수익이 올라가는 멋진 경험을 할 것이다.

비대면을 강조하는 코로나 시대, 블로그는

인디펜던트 워커를 만들 어주는 강력한 도구다. 블로그를 어떻게 해야 할지 몰라도 걱정할 것 없다. 지금 당장 네이버나 유튜브를 열어 블로그 시작하기를 검색해 보자. 블로그 활동은 생각보다 어렵지

않다. 비싼 돈이 들어가는 것도 아니고 시간과 노력만 들어가면 된다. 중요한 것은 블로그를 시작하고, 배우고자 하는 자신의 의지만 있으면 된다. 데스크탑이나 노트북이 있으면 좋지만 없어도 상관없다. 스마트폰만으로도 당장 가능하다. 디지털 부업의 기초, 그 시작을 블로그로 할 수 있다.

사례

'생각대로 사는 여자'라는 별명을 갖고 있는 북닷컴의 박세인 대표. 그녀는 블로그 마케팅 10년차 가까이 되는 블로그 마케팅계의 스타다. 돈도 빽도 스펙도 없던 29살 계약직 사원에서 바이럴 마케팅 투잡을 시작하며 만든 블로그가 입소문을 타면서 소위 블로그 마케팅의 고수가 되었다. 블로그 마

케팅계의 스테디셀러 〈블로그 투잡됩니다〉라는 책을 낸 이후에도 강의와 코칭 등 다양한 활동을 하며 억대 연봉 부럽지 않은 CEO가 되었다. 블로그를 디지털 세상의 베이스 캠프라고 강조하는 그녀는 누구든지 억대 연봉 부럽지 않은 블로그로 키우고 싶다면 블로그 마케팅을 배우고 시작해 보라고 조언한다.

 ## 가장 중요한 SNS, 인스타그램

지인들과 사진을 공유하는 취향 SNS로 출발했던 인스타그램(인스타)은 현재는 팔로워와의 소통을 통해 실시간 라이브 방송으로 공동구매를 진행하고, 각종 광고(이벤트, 수강자 모집 등)까지 하는 디지털 비즈니스 플랫폼이 되었다. 스마트폰만 가지고도 누구나 쉽고 간편하게 촬영하고 편집하여 글과 사진, 영상을 업로드할 수 있고, 실시간 라이브 방송을 통한 공동구매 및 줌과 같은 화상대화까지 가능하다. 최근에는 틱톡의 영향을 받아 유튜브 '숏츠'처럼 짧은 분량의 '릴스'부터 음악을 비롯해 다양한 기능이 계속 업그레이드 되면서 계속해서 진화하고 있는 대세 SNS가 되었다. 그래서 요즘 일반 개인은 물론 유명 인플루언서나 기업들, 정부와 지자체까지 앞다투어 인스타 마케팅을 적극적으로 펼치고 있다.

인스타를 통한 마케팅 효과를 극대화하기 위해서는 우선 팔로 워를 늘려야 한다. 특히 자신의 상품과 서비스를 구매해줄 가능성이 많은 충성고객(찐팬)을 늘려 나의 잠재고객이 되어줄 팔로워 숫자가 최소 1천명에서 3천명은 되어야 인친(인스타 친구)들이 나를 인정해 주고, 기업으로부터 협찬 제안도 받을 수 있다. 또한 게시물(피드)이 일관성이 있고 분명한 주제가 있다면 1천 팔로워도 공구가 들어오고, 3천 팔로워가 넘으면 더 많은 제안을 받고, 1만 팔로워 이상이 되면 월 150~200만원 정도의 수익을 얻을 수 있다.

라이브 방송을 통한 공동구매를 진행할 때 찐팬 인친들의 방문과 응원이 큰 힘이 되어 매출 극대화를 이룰 수 있다. 찐팬 인친들은 공동구매나 라이브 방송을 진행하면 바쁜 중에도 찾아와 응원의 댓글을 달아주고, 상품구매까지 해준다. 이 때문에 인스타를 하면서 어떻게 하면 팔로워와 찐팬을 지속적으로 늘릴 수 있는가에 관심을 두어야 한다.

인스타 팔로워를 늘리기 위해서는 몇 가지 팁이 있다.

첫째, 프로필 설정이 중요하다. 인스타 프로필은 디지털 명함과도 같다. 누군가 자신의 인스타를 보기 위해 처음 방문할 때 한 눈에 직관적으로 알 수 있도록 자신이 어떤 사람인지(직업, 본캐와 부캐, 특기와 재능 등) 알려주고, 계속해서 방문하고 싶은 욕구를 불러

일으키게 할 만한 동기부여가 되도록 프로필 세팅이 되어있어야 한다. 첫 인상과도 같은 프로필에 자신 있는 얼굴을 한 사진을 올리면 신뢰도는 더욱 높아진다.

둘째, 진심과 적극적인 노력이 중요하다. '컨텐츠를 잘 만들고, 해시태그를 잘 달면 팔로워가 늘어나겠지'라고 생각할 수도 있다. 그러나 우리가 유명 연예인이나 스포츠 스타, 인플루언서가 아닌 이상 일반인으로서 특이하게 눈길을 끄는 컨텐츠가 아니고서는 팔로워 숫자를 늘리기 어렵다. 그래서 인스타 초기에는 내가 먼저

가서 인사 댓글을 남기고, 사진이나 영상, 글을 보면서 좋아요를 눌러주고, 선팔하며 맞팔을 정중하게 부탁하는 노력이 필요하다. 진심에서 우러나오는 관심과 애정 어린 마음으로 좋아요와 감사를 댓글과 DM으로 표시하는 것이 좋고, 공동구매나 생일, 팔로워 돌파 기념 등 특별한 이벤트에는 관심을 갖고 축하해 주는 것이 좋다. 인스타도 결국은 사람이 모이는 곳이고, 사람들은 진심으로 인사하고, 기쁨과 슬픔을 공감해 주고 위로와 격려를 해주며 자신을 지지해 주는 사람을 좋아한다.

예전에는 예쁘고 멋진 사진을 올리면 조회수와 팔로워 숫자가 올라갔지만, 요즘은 틱톡의 영향을 받아 '릴스'가 대세가 되고 있다. 인스타 본사에서는 릴스를 정책적으로 지원하고 있다. 따라서 사진이나 긴 분량의 동영상보다 릴스(틱톡이나 유튜브 숏츠처럼 짧은 영상)를 올리는 것이 같은 시간투자 대비 효율성이 좋다.

기타 팁으로는 해시태그를 붙일 때 멤버십이 기본적으로 많은 계정의 태그를 붙이면 팔로워가 훨씬 많이 늘어나는 효과가 있다.(예, #임헌수, #인스타스쿨, #mkyu, #인스타파워업 등) 또한 모든 마케팅 플랫폼이 다 그러하듯, 인스타도 멈추지 말고 가급적 1일 1피드, 스토리와 하이라이트를 꾸준하게 올리는 것이 중요하다.

마지막으로, 인스타그램에 대해 잘 모르는 인린이라면 인스타 전문가들의 코칭이나 강의를 듣는 것이 빠른 시간에 효과를 극대화할 수 있는 방법이다.

숏폼 플랫폼의 대표, 틱톡

세로형으로 된 15초짜리 짧은 동영상 '틱톡'이 대세
다. 코로나19 팬데믹 상황으로 숏폼 동영상 플랫폼의 선두주자인
'틱톡'이 폭발적인 성장을 한 것이다. 비대면 비접촉으로 집 안에
서 활동하는 시간이 많아지면서 집안에서 춤추고, 노래하고, 운동
하는 모습을 담은 동영상 컨텐츠를 짧고 재미있게 전달할 수 있는
SNS가 틱톡이기 때문이다. 숏폼 콘텐츠에 익숙한 MZ세대의 놀이
터로 알려진 틱톡은 이미 중국에서 '라이브커머스'와 '광고'로 대

표적인 비즈니스 플랫폼으
로 자리잡았으며, 한국에서
는 2020년 초 지코의 '아무
노래 챌린지'가 화제가 되
면서 돈 버는 마케팅 수단
으로 인식되기 시작했다.

틱톡은 최소 15초부터 3
분까지 영상을 올릴 수 있

어 예전보다 마케팅의 폭이 훨씬 넓어졌다. 짧은 틱톡 영상 하나를 찍어놓으면 틱톡뿐 아니라 인스타, 페이스북, 유튜브, 네이버 블로그 등까지 활용이 가능한 통합마케팅을 할 수 있다. 틱톡 영상을 인스타 릴스나 유튜브 쇼츠에 연동해서 올릴 수 있고, 인스타는 페이스북과 같은 회사이기 때문에 인스타와 페이스북을 연동하는 통합마케팅이 가능하다.

전문가들은 향후 밀레니얼 감성세대인 MZ세대를 잡기 위해서는 반드시 틱톡을 해야 한다고 강조한다. 틱톡은 최근 '틱톡 포 비즈니스 아카데미' 홈페이지를 오픈하고 브랜드 광고 및 마케팅 담당자를 대상으로 다양한 틱톡 광고와 캠페인 운영 방법을 소개하고 있다. 틱톡에 대해 잘 모르는 틱린이라면 〈틱톡마케팅〉(박준서, 노고은, 임현수 공저) 책과 강의를 참고하면 된다.

사례

틱톡커 강남 허준은 팔로워 230만명(2021년 7월 현재)을 보유하고 있는 17년 경력의 베테랑 한의사다. 유튜브에 신사임당이 있다면, 틱톡에는 강남 허준이 있을 정도로 유명 인플루언서이며, 특히 MZ세대와 해외 외국인들에게도 인기가 많은 한의사로 알려져 있다. 강남 허준은 이웃집 초등학생에게 틱톡을 배우기 시작해 유명 틱톡커들의 벤치마킹을 통해 틱톡을 잘할 수 있는 자신만의 문법을 발견했다. 이후 18개월 만에 200만명의 팔로워를 돌파했고, 틱톡으로 인해 유튜브와 인스타그램 팔로워도 늘면서 한의원 매출 증가까지 자연스럽게 이어지고 있다. 강남 허준은 긴 설명이 필요한 한의학 분야를 틱톡의 특성에 맞게 간단한 코멘트와 짧은 영상으로 이해하기 쉽게 컨텐츠를 구성하는 것으로 유명하다.

검색의 진화, 네이버 인플루언서

네이버 인플루언서는 2020년 2월 12일 네이버가 정식 론칭한 새로운 검색 서비스로 인플루언서(인물) 검색과 키워드(주제) 검색 기능 모두 사용할 수 있는 검색 플랫폼이다. 하루가 다르게 급변하는 디지털 미디어 환경에서 유튜브와 인스타그램, 틱톡 등을 통한 검색과 정보 이용, 소통과 쇼핑이 무섭게 성장하자 네이버는 결국 추격자들에 대한 위기감을 느끼고 '네이버 인플루언서'라는 새로운 검색서비스를 시작하게 된 것이다. 인플루언서는 홈을 개설하고 운영하는 다양한 채널 (블로그, 포스트, 네이버TV VLIVE, 스마트스토어, 유튜브, 인스타그램)을 연동하여 관리할 수 있다. 네이버 인플루언서로 선정되면 해당 인플루언서의 홈과 연동된 블로그에는 프리미엄 광고가 노출되어 보다 높은 수준의 광고보상 수익을 얻게 된다.

  프리미엄 광고가 붙는 기준은 팬 수(구독자 수, 팔로워 수) 3천명 이상을 달성을 했거나 3천명을 달성하지 못하더라도 주제별 키워드챌린지 상위 창작자면 가능하다. 특정 키워드에서 1위를 하면 해당 키워드에 한해 키워드챌린지 탭에서 프리미엄 광고가 노출된다. 또한, 우수 인플루언서에게는 브랜드커넥트 서비스를 통해 다양한 브랜드와 연결될 수 있는 기회도 제공한다. 인플루언서는 브랜디드 콘텐츠 제작을 통해 수익창출이 가능하며, 해당 콘텐츠가 키워드 챌린지에서 상위에 노출될 시 더 많은 팬과 조회수를 확보하고 광고수익 증가도 기대할 수 있다. 리뷰맛집 블로거와 육아전문 블로거를 운영하는 '죠애니와 허니'(별명:퐁퐁) 부부는 2020년 3월 '네이버 인플루언서'에 선정되면서부터 애드포스트 광고수익이 직전보다 8배 이상 증가하게 되었다.

인플루언서 검색은 전문 창작자와 함께하기 위해 지원 및 심사, 승인 후 홈 개설, 키워드챌린지 참여 등의 과정으로 이루어진다. 네이버 인플루언서 지원신청은 '인플루언서 검색' 홈페이지에서 가능하다. 신청자는 지원분야 및 희망채널을 선택해야 한다. 희망채널은 블로그, 포스트, 인스타그램, 유튜브 중 복수선택이 가능하다. 네이버는 전문역량과 콘텐츠 품질, 채널 영향력 등을 바탕으로 심사를 진행한다. 인플루언서 모집주제는 IT테크, 생활건강, 프로스포츠, 방송/연예, 대중음악, 영화, 공연/전시/예술, 도서, 경제/비즈니스, 어학/교육, 리빙, 푸드, 운동/레저, 자동차, 패션, 여행, 뷰티, 게임, 동물/펫, 육아 등이다. 지원 후에는 네이버에서 영업일 기준 10일 내에 이메일로 안내해 주는데, 지원 후 취소가 불가능하므로 입력한 정보를 정확히 확인 후 지원을 완료해야 한다. 인플루언서 검색은 현재 모바일에 최적화되어 있으며, 향후 PC에서도 서비스할 예정이다.

대표 제휴마케팅,
쿠팡 파트너스

쿠팡 파트너스는 새벽배송, 로켓배송으로 널리 알려진 ㈜쿠팡의 상품을 홍보하는 일로서 일종의 제휴마케팅이다. 쿠팡이 제공하는 광고를 회원이 운영하는 SNS(블로그, 카페, 카카오톡, 네이트) 등에 게재하고 방문자의 광고 클릭으로 회사가 얻은 수익을 쿠팡과 회원이 일정한 비율로 분배하는 광고 서비스다. 쿠팡 파트너스로 등록하고 활동하면 해당 상품 매출의 3% 정도 수익을 받게 된다. 예를 들어 쿠팡 파트너스가 추천한 상품을 링크한 한 고객이 1만원 상당의 상품을 구매했다고 하자. 그러면 쿠팡 파트너스에게는 300원의 수익이 발생하게 된다. 이처럼 한 달 동안 판매하여 발생한 총 수익을 월별로 정산해 다음달 15일 쿠팡 파트너스 계좌로 입금해 주는 식이다.

대한민국 최초 쿠팡 파트너스 강사인 정과장은 2019년 블로그를 시작하면서 우연히 쿠팡 파트너스를 알게 되었고, 평일에는 1시간, 주말에는 3시간 정도 시간을 투자해 6개월 정도 지나자 160만원 이상의 수익을 올리게 되었다. 3개월 정도 지나자 블로그 글 쓰는 시간도 단축되었고, 블로그를 쓰지 않았을 때도 100만원 정도의 수익을 유지하면서 자동화 수익을 이룰 수 있었다고 한다.

쿠팡 회원이면 누구나 쿠팡 파트너스에 쉽게 가입이 가능하다. 쿠팡 파트너스 해당 사이트에 접속해 등록을 하면 자신의 성과를 바로 확인할 수 있는 리포트와 정산까지 편리하게 확인할 수 있다. 쿠팡 파트너스로서 승인이 되면 쿠팡에서 판매중인 수많은 상품 (5천만 가지 정도) 중 컴퓨터, 스마트폰, 등산용품, 출산용품, 식품, 도서, 의류, 반려동물 용품 등 자신이 원하고 관심있는 상품은 무엇이든지 클릭하여 광고할 수 있다.

어느 회사이건 출퇴근 지침이나 휴가 등과 같은 회사 내규와 규정이 있고, 임직원은 반드시 지켜야 한다. 쿠팡 파트너스도 본격적으로 시작하기 전에 이용약관과 운영정책을 꼼꼼하게 필독하는 것이 좋다. 쿠팡의 경우 첫 번째 운영규정을 어기면 경고를 주고, 두 번째 어기면 활동이 제한된다. 예컨대, 쿠팡 로고를 블로그에 넣지 않아야 하는데 실수로 블로그에 넣게 되면 경고를 받

저자의 파트너스 수익내역 중에서

는다. 또한 게시글 작성시 "파트너스 활동을 통해 일정액의 수수료를 제공받을 수 있음"과 같은 대가성 문구를 반드시 게시글 하단에 작성해야 한다. 그렇지 않으면 공정위 규정에 어긋나고 해당 파트너스뿐 아니라 ㈜쿠팡까지 공정위 제재를 받을 수 있기 때문이다.

리워드 쇼핑 플랫폼, 스타일씨(STYLE C)

스타일씨(STYLE C)도 쿠팡 파트너스와 비슷한 리워드 쇼핑 플랫폼이다. 판매하고 싶은 상품을 선택하고, 자신의 코드로 생성된 URL 링크를 복사해서 카카오톡, 네이버 블로그, 인스타그램, 페이스북, 유튜브 등 SNS에 공유하면 된다. 리빙, 퍼니처, 푸드, 뷰티, 패션 등의 다양한 상품을 추천할 수 있으며, 파트너 셀러 자신이 팔고 싶은 제품이 있으면 입점 요청도 가능하다. 링크를 통해 구매가 발생하거나 클릭이 생기면 수익금이 발생하고, 수익금이 적립 완료된 날을 기준으로 15일 이후 사용이 가능하다. 출금신청은 목요일 5시까지이며, 매주 금요일 일괄 입금 처리된다. 최소 1만원 이상부터 최대 50만원까지 1만원 단위로 출금신청이 가능하다. 최대 20% 수익률을 올릴 수 있고, 수익금의 사용기한은 발생 후 1년까지다.

파트너 셀러 1인 월 평균 수익금은 20만원이며, 최고 총매출은 5,600여 만원, 최고 클릭수는 106만여 회다. 현재 15만3천여 명의 파트너 셀러가 활동하고 있으며, 바로 회원가입하고 판매 셀러로 활동하면 최대 2만4천 포인트의 쇼핑머니도 제공된다. 회원가입 로그인만 해도 매일 1회 100포인트를 지급한다. 출 · 퇴근시, 육아, 여가 중에도 간편하게 가능하며, 초기 투자금이나 경력 등 어떤 조건도 필요하지 않다. 이제 집에서 누워서도 돈 벌고, 누구나 쉽게 공유만 해도 돈을 벌 수 있는 시대가 되었다. 월급이 적다고, 알바 자리 없다고 걱정할 필요 없이 스타일씨 부업으로 시작해 보자.

재택부업 알바 플랫폼, 애드릭스

애드릭스는 SNS(블로그, 카페, 유튜브, 페이스북, 인스타 등) 기반 홍보 마케팅으로 수익을 창출하는 재택부업, 알바 플랫폼이다. 수익발생은 CPI, CPS, CPA, 추천인 수익 등 4가지가 있다.

먼저, CPI(Cost Per Install)는 앱 설치당 수익이 발생하는 것이다. 누군가 내 추천링크를 타고 들어가 해당 앱을 설치하면 자신에게 설치당 수익금이 적립된다. CPS(Cost Per Sale)는 구매시 수익이 발생하는 것으로 쿠팡 파트너스처럼 누군가 내 추천링크를 타고 들어가 구매가 발생할 경우 판매 금액의 일정부분 수익이 발생하는 것이다. CPA((Cost Per Action)는 상담 DB 접수당 수익이 발생하는 것으로 누군가 내 추천링크를 타고 들어가 상담접수를 하는 경우 수익이 적립되는 형식이다. 추천인으로 수익내기는 추천인 주소로 회원가입하고 전환조건 만족시 추천인 포인트를 받는데, 1명 추천당 최저 2만3,100포인트에서 최대 4만2,000포인트까지 받을 수 있다. 이외에도 신규 회원가입시 1만 포인트 적립이 있으며, 적립금이 5만 포인트(5만원) 이상이면 현금 출금이 가능하다. 애드릭스 1포인트는 현금 1원과 같으며, 3천 포인트 앱을 1천명이 설치 실행하면 300만원의 수익이 발생한다고 할 수 있다.

애드픽 쇼핑메이트란 온라인에서 판매 가능한 모든 상품들을 추천하고, 누군가(홍보자 자신이 직접 구매해도 수익 인정) 구매하면 구매금액의 일부를 추천한 사람에게 지급하는 일종의 제휴마케팅 서비스로 쿠팡 파트너스와 비슷한 개념이다. 상품 추천/판매 외에도 클릭형, 영상/이미지형, 설치형, 예약/이벤트 형 등 다양한 광고 캠페인이 있어 뉴스, 앱, 게임, 영상 등 광고 콘텐츠를 홍보해도 수익이 적립된다.

애드픽 쇼핑메이트 가입은 만 14세 이상이어야 하며, 애드픽 자체 앱에서 가입은 물론 페이스북이나 카카오, 구글 아이디 연동가입도 가능하다. 스마트폰으로 언제든지 편한 시간에 원하는 장소에서 자투리 시간을 모아 소확행 부수입부터 한 달 월급까지 자신의 노력에 따라 큰 수익을 낼 수도 있다. 애드픽 쇼핑메이트를 통해 월 수익 30만원 이상 버는 회원이 2천여 명 이상이고, 1인 하루 최고 수익은 350만원, 연 최고 수익이 4,430만원, 지금까지 애드픽이 지급한 총 수익은 327억원이나 된다. 20대 직장인 윤 모씨는 꾸준히 활동하면서 노하우를 쌓았고, 그 결과 회사에서 받는 한 달 월급만큼 수익을 내고 있다.

홍보할 상품을 고른 뒤 상품의 URL 링크를 복사해 애드픽에서 나만의 쇼핑링크를 만들고, 쇼핑링크를 자신의 다양한 SNS(네이버 블로그나 지식인, 페이스북, 인스타그램, 유튜브, 포털 카페나 커뮤니티, 밴드, 아프리카TV,

틱톡, 카카오톡, 라인 등)에 업로드하고, 상품홍보글을 작성한다.(단, 쇼핑메이트를 제외한 캠페인은 메신저 홍보가 불가능하다.) 누군가 자신의 링크를 클릭해 물건을 구매하면 차곡차곡 수익이 쌓인다. 수익은 구매취소나 반품 가능성 때문에 수익 대기기간이 있으며, 미션을 완료한 후 애드픽 리포트에서 자신이 모은 수익을 확인할 수 있다. 홍보콘텐츠 작성시 공정위의 추천/보증 등에 관한 내용을 꼭 적어야 하므로 주의해야 한다.

지식재능공유 플랫폼, 네이버 지식iN 엑스퍼트(eXpert)

방학이 시작되었는데 늦잠만 자는 자녀가 있다. 코로나로 인해서 직접 만나서 배우는 과외는 고민이 되고, 그렇다고 방학 때 뭔가 안 할 수도 없고…. 이런 고민이 있다면 네이버 엑스퍼트에서 실력있는 선생님들과 비대면 영어 과외를 해결할 수 있다. 네이버 지식iN 엑스퍼트(eXpert)는 네이버의 지식재능 공유 플랫폼으로 네이버가 인정하는 전문가 서비스라고 할 수 있다.

고객 입장에서는 직접 만나기 어려운 전문가를 엑스퍼트에서 쉽게 만날 수 있고, 검증된 전문가와 함께 실시간으로 채팅 혹은 영상/음성 통화로 상담을 하거나 온라인 수업을 들으며 언제, 어디서나 궁금증을 해결할 수 있는 장점이 있다. 현재 음성/영상 통화는 앱에서만 가능하다. 법률, 세무, 상담 등 전문분야부터 번역, 뷰티, 피트니스, 인테리어 같은 일상 분야의 전문가라면 실시간으로 1:1 채팅 상담을 통해 지식을 나누고 수익을 창출할 수 있다. 네이버 최고의 이야기 바이블(ViBLE) 명강의와 AK플라자 문화 아카데미 강좌 등도 엑스퍼트에서 진행되고 있다. 당신이 만약 통·번역을 가르치거나 골프 레슨을 가르치는 프리랜서라면 자투리 시간을 활용해 수익도 창출하고, 홍보에 대한 부담도 덜 수 있다.

　엑스퍼트는 검증된 전문 자격증이나 전문가를 확인해 줄 수 있는 제휴처 등을 통해 선발된 엑스퍼트들이 상담을 진행한다. 네이버 지식iN 엑스퍼트의 가장 큰 장점은 핸드폰만 있으면 언제, 어디서든 빈 시간을 활용해 수익 창출이 가능하다는 점이다. 엑스퍼트는 분야별로 요구하는 자격이 다르다. 분야별 전문성을 확인할 수 있는 자격증을 소지하거나, 지식iN 신등급 달성 등 해당 분야

의 많은 경험을 확인할 수 있는 사람을 대상으로 모집하고 있다. 엑스퍼트 신청방법은 먼저 관심 분야의 신청자격을 확인하고, 기본 정보와 필요서류를 제출한다. 엑스퍼트 신청은 영업일 기준 7일 내외의 심사를 통해 완료된다. 또한 변호사 신분증 앞/뒷면과 같이 필수로 표기된 자격증은 모두 소지해야 신청이 가능하다. 지원분야는 다음과 같다.

법률	변호사, 노무사, 변리사, 법무사, 행정사
생활	펫관리, 펫미용, 연애, 육아, 펫건강, 패션/스타일, 뷰티, 요리/홈쿠킹, 커피/쥬류, 인테리어, 청소/세탁, 정리/수납, 교통사고 분석
스포츠/레저	피트니스, 필라테스, 요가, 골프, 실용/방송 댄스, 무용/발레, 생활스포츠, 자전거, 낚시, 여행, 등산, 캠핑, 수상스포츠, 동계스포츠, 유아체육
건강	심리상담, 영양, MBTI, 청소년상담, 명상
경영/경제	세무사, 회계사, 관세사, 웹디자인/로고, 번역/통역, 경영/기술컨설팅, 유통관리, 가맹점 창업, 스마트스토어 사업, 엑스퍼트 사업, 원산지관리, 원가분석, 물류관리, 날씨컨설팅

IT/컨텐츠	IT노하우, 오피스문서, SW/IT 개발, 웹/앱 디자인, 게임공략, 코딩학습, 동영상/콘텐츠 제작
교육/학습	입시/진학, 해외유학, 대학교학습, 고등학교학습, 중학교학습, 초등학교학습, 유아학습
취미	공예/공방, 미술/디자인, 음악/악기, 원예/화훼/조경, 포토, 방송/영화, 뮤지컬/공연, 바둑
운세	사주, 타로, 작명, 꿈해몽, 별자리, 손금, 관상, 풍수
금융/재테크	자산컨설팅, 부동산컨설팅, 손해사정, 감정평가, 온라인마케팅, 투자상담, 신용상담, 경제동향/재테크
자기계발	라이프코칭, 취업, 자기PR, 공무원시험, 자격증시험, 글쓰기/논술
어학	영어, 중국어, 일본어, 프랑스어, 러시아어, 독일어

미래 新직업,
디지털 튜터

코로나 시대가 되면서 세대간에 디지털격차가 벌어지고 이로 인해 불편을 겪는 어르신들이 늘어가고 있다. 최근 어떤 어르신이 음식점에 갔다가 키오스크로 주문을 하지 못해 20분 동안 헤매다 결국 눈물을 흘렸다는 뉴스를 보면서 안타까운 마음이 들었다. 이런 일은 어르신 세대의 부모님을 모시고 있는 내 이야기이기도 하고 더 나아가 우리의 이야기도 될 수 있다는 생각을 하게 된다.

디지털 튜터란 이처럼 디지털에 익숙하지 않은 개인 혹은 어르신들에게 일상생활에 필요한 스마트폰, 태브릿 PC 등 모바일 활용법 및 컴퓨터와 인터넷, 키오스크 활용법 등 일상생활 속 비대면 온라인 서비스를 쉽게 이용할 수 있도록 가르쳐주고 안내해 주는 새로운 직업이다. 〈김미경의 리부트〉 저자이기도 한 MKYU 김미경 학장은 디지털 튜터가 3년 내 뜰 직업이라고 강추했다.

MKYU 사이트에 접속해서 신청하거나 문의하면 된다. 디지털 포용과 여성 일자리 창출을 위해 앞장서고 있는 MKYU에서는 민간자격증 모바일 디지털 튜터 과정을 최초로 만들었으며, 1주일 만에 선착순 1만명이 모집되어 화제가 되었다. 본래 이 과정을 수강하려면 30만원이 들지만, 교육비는 전액 MKYU에서 지원하기 때문에 수강료는 무료이며, 시니어 교육기금으로 단돈 1천원만

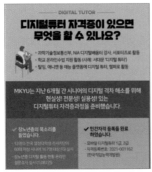

내면 된다. 6개월 동안 총 20강의 강의를 들으면 시험을 볼 수 있는 자격(모바일 디지털 튜터 1급, 2급)이 주어진다.

디지털 튜터 자격증이 있으면 과학기술정보통신부, NIA 디지털 배움터 강사, 서포터즈로 활동하거나 학교 온라인 수업 지원활동, 탈잉, 애니맨 등 각종 재능 플랫폼에서 디지털 튜터나 헬퍼로 활동할 수 있다.

생산성본부에서 급여를 받고 3개월간 '디지털 튜터'로 활동한 K씨의 현직(전직 식품패키지디자이너)은 프리랜서 프로 라방러다. 온라인의 세계에서는 스마트스토어를 만들 줄 아는 이는 디지털 기기와 친근한 이일 확률이 높고, 블로그로 부업을 하는 이는 디지털세계의 로직을 잘 아는 이들일 확률이 높다. 온라인 세계에서 부업거리를 찾는 이들은 기본적으로 핸드폰의 기능이나 앱 사용, 컴퓨터 기기의 사용에 능해야 한다.

인스타(@the_yangpa)에서 매일(월–금) 오전 1시간씩 1년 넘게 라이브방송을 해온 K씨에게 디지털 튜터라는 일은 접근이 쉬웠다. 동영상 편집 등 기기를 다루는 일에도 능하다. 릴스와 틱톡 영상까지도 만든다. 그런 그가 우연한 기회에 생산성본부의 〈디지털 역량강화 및 강사 서포터즈〉 모집공고를 보고 지원, 3개월 동안 디지털 튜터 직무를 수행했다. 실력을 다지고 있으면 언젠가는 기회가 온다는 생각을 하던 차 생산성본부의 일은 간단한 일이긴 해도 디지털 N잡의 길을 여는 좋은 기회가 될 수 있었기에 합격증을 받자 몹시 떨렸다고 한다.

"디지털기기 사용에 어려움을 겪고 있는 분들을 만나 인스타 사용법이나 스마트폰 사용법을 알려주는 일을 했어요. 주로 50대 이상 여성들을 가르쳤는데, 직장여성의 경우도 생각 밖으로 디지털기기를 다루는 능력이 떨어지는 경우가 많아 놀랐습니다. 익숙한 사람들에겐 너무 쉬운 게 디지털이고, 어려운 분들에겐 한없이 어려운 게 디지털 기기 사용인 것 같아요. 앱 까는 것도 모르는 분이 상당히 많아요. 생활에 편리한 앱들을 소개해 드리는 것도 디지털 튜터의 일이에요.

인스타만 해도 어느 정도 잘 하려면 사진 찍는 법부터 피드 구성, 디자인, 동영상 편집, 해시태그 쓰는 법 등을 배우고 익혀 마음껏 사용하기까지는 몇 개월이 걸리는 일이지요. 아예 디지털의 'ㄷ'도 모르는 분들, 핸드폰도 전화만 겨우 걸거나 사진만 찍어 올리는 분들을 위해 하나하나 가르쳐드리는 일을 했어요.

그분들이 디지털 세상을 알아가면서 스스로 해내며 기뻐하는 모습을 보면 보람과 뿌듯함은 말로 표현할 수가 없어요. 그분들이 가속화된 디지털 세상에서 소외되지 않고 사회 일원으로 당당하게 소비와 생산을 해내시길 바라고 있습니다.

하지만 그런 보람을 느끼는 것도 잠시, 심해지는 코로나에 대면 수업을 하는 게 위험해져 사람들을 만나기 쉽지 않은 상황이 계속 되었어요. 그래서 제가 늘 하고 있는 라방을 통해 간간이 그분들의 어려움을 듣고 해소시켜 드리고 있습니다. 제가 라방을 지속할 수 있는 동기이기도 합니다."

100일을 넘기기 어렵다는 라방을 1년 넘게 이어온 것은 개인 브랜딩을 잘 하여 자신의 이름을 건 상품이나 이미지를 알리고 싶기 때문이다. 매일 1시간씩 인친들과 소통하는 인스타 라방 자체로는 수입이 되는 것은 아니지만 라방을 하며 만난 인맥으로 새로운 일거리들이 여럿 파생되기도 한다.

"최근 네이버 쇼핑라이브, 인스타 라방, 그립에서 식품을 팔아봤는데, 디지털 세상에서 돈 버는 게 결코 쉽지 않다는 것을 절실히 느꼈어요. 조명부

터 재료준비, 요리까지 손가는 게 한두가지가 아니었어요. 저 혼자 PD, 무대연출, 헤어, 메이크업, 테이블세팅까지 1인 방송이다 보니 만능 엔터테이너가 자연스럽게 되더

라고요. 가끔씩 발생하는 변수에도 당황하지 않는 것은 1년간 라방을 통해 생긴 맷집이라 생각합니다. 아직은 안정적인 부업으로 뿌리내린 게 없어서 수입이 들쭉날쭉하고 일정액이 정해져 있지는 않지만 지금 당장의 수입이 미래의 가치를 말해주진 않잖아요? 디지털 세상은 절대 조급하지 말고 천천히 멀리 봐야하는 세상인 거 같습니다. 포기하지 않고 쭉 가는 게 중요한 것 같아요. 조금씩 성장하지만 그 응축된 에너지가 1년이란 시간이 지나면서 폭발할 때가 반드시 올 거라 믿어요."

新놀이문화, 메타버스와 암호화폐

코로나19로 인해 초등학교를 입학한 요즘 학생들은 대면 수업을 마치고 학교 앞 놀이터에서 친구들과 노는 대신 네이버의 메타버스 플랫폼 '제페토'에 모여 대화하고, 게임을 하면서 친목을 다진다. 온라인상에서 가상의 땅을 실제 현금으로 사고파는가 하면, 코로나19로 공연을 못하는 가수들은 메타버스 공연을 통해 엄청난 입장료 수익을 얻는 등 영화 같은 일이 현실 속에서 이루어지고 있다.

가상현실 '메타버스'가 현실 속으로 급속도로 파고들고 있는 것이다. 메타버스는 가공, 추상을 의미하는 메타(meta)와 현실세계를 뜻하는 유니버스(universe)의 합성어로 가상세계와 현실이 뒤섞여 시간과 공간의 제약이 사라진 세상이다. MZ세대(1980년대 초반~2000년대 초반)의 놀이터라고 알려진 메타버스는 가상세계에서 게임하고, 친구를 사귀고, 공연을 즐기는 차원을 넘어 교육과 업무, 쇼핑, 상거래까지 다양하고 폭넓은 경제활동이 이루어지고 있다. 미국 청소년들은 인스타그램, 유튜브보다 메타버스(로블록스)에서 더 많은 시간을 보낸다.

1990년대 청소년들은 용돈을 모아 서태지와 듀스 브랜드라고 알려진 스톰 청바지를 구입했지만, 2020년대 아이들은 로블록스와 제페토와 같은 메타버스 플랫폼에서 자신의 아바타에게 옷을 입히기 위해 돈을 쓴다. 미국에서 경제활동을 하려면 달러가 필요하듯이 메타버스라는 가상현실 공간에서 경제활동을 하려면 '디지털 암호화폐'가 필요하다. 비트코인이나 도지코인 등 투자수단으로만 알고 있는 암호화폐가 메타버스와 만나면서 새로운 결제수단으로 가치를 인정받고 있다. 현재 디지털화폐로 거래되는 대상은 주로 게임 아이템, 아바타를 꾸미는 옷 등이지만 점차 실제 의류, 명품, 굿즈 등으로 확대되면서 거래도 활발해

수백만 개의 세상

상상 가능한 뭐든지 되십시오

질 것으로 예상된다. 이 때문에 구글, 애플, 페이스북, 마이크로소프트, 아마존 등 글로벌 빅테크 기업들도 메타버스를 주력 사업으로 설정하고 신기술 개발에 박차를 가하고 있다.

'로블록스'나 '디센트럴랜드'와 같은 메타버스에서 고소득을 올리는 창작자(크리에이터) 내지 개발자, 이용자는 더욱 늘어날 전망이어서 앞으로 메타버스에서 추가소득을 올릴 수 있는 디지털 부업에 대해서도 지속적으로 관심을 가질 필요가 있다.

　　최근 바둑기사 이세돌 9단이 인공지능(AI) 알파고를 이겼던 대국 동영상이 NFT로 발행되었는데, 이 작품은 경매에서 60이더(2억5천만원)에 낙찰되었다. 또한, 영화감독 알렉스 말리스는 자신과 친구의 방귀소리를 모은 것을 NFT로 제작해 434달러에 판매해 화제가 되기도 했다. NFT는 블록체인 기술을 적용한 '대체불가능 토큰'이다. 또한 디지털자산의 소유권과 가치를 보존하는 역할을 하며 분산 원장 기술이 적용돼 데이터 위·변조가 불가능하다.

　　지난 4월 국내 보이그룹 에이스(A.C.E)는 미국 블록체인 플랫폼 WAX를 통해 굿즈를 선보였다. 멤버 사진과 뮤직비디오 등이 담긴 이 굿즈는 K팝 아티스트 가운데 최초로 NFT를 접목한 것으로 복제가 불가능하기 때문에 한정판 굿즈를 소유한 것과 같은 효과가 있다. NFT는 가상의 대상을 자산화할 수 있고, 블록체인 기술을 기반으로 자산을 안전하게 평가, 구매, 교환할 수 있다는 점에서 메타버스에서 활용도는 갈수록 높아질 전망이다.

　　카카오는 지난 3월 자사의 블록체인 플랫폼 클레이튼에서 NFT를 거래할 수 있는 서비스를 시작했으며, 네이버도 최근 블록체인 업체 더샌드박스와 손잡고 제페토 내 캐릭터와 아이템 등을 NFT로 발행하는 사업을 추진하기로 했다. 또한, K컬처 전문 NFT 플랫폼 스노우닥은 유명 K팝 아티스트를 비롯해 스포츠 스타의 애장품, 인플루언서, 화가, 사진작가 등 다양한 창작자가 만들어내는 K컬처 콘텐츠를 NFT 형태로 판매한다. 스노우닥은 앨범과 굿즈 등을 큐레이션하고 경매방식으로 팬들에게 판매할 예정이다. 지난 4월 가수 태연의 동생 하연이 스노우닥을 통해 NFT가 접목된 디지털 싱글을 발매하기도 했다.

3 숨겨진 재능을 팔아라!
– 소소한 능력으로 전문가가 될 수 있다

데이터 라벨러,
어노테이터

정부가 인공지능(AI) 학습용 데이터 댐 구축 사업에 3천억원의 예산을 투입하겠다고 발표하면서 '데이터 라벨링(Data Labeling)'이 주목을 받고 있다. 데이터 라벨러(데이터 어노데이터)는 한 마디로 데이터를 수집하고 관리하는 전문인력으로, 인공지능(A.I)이 학습을 위해 필요한 다양한 데이터를 수집 및 입력, 가공하는 일을 한다. 예를 들어 AI가 강아지를 구분하게 만들고 싶으면,

다양한 강아지 사진을 AI에게 입력하고 그 특징을 학습하게 한다. 이때 학습용 사진에 '강아지'라는 각각의 이름표를 달아주는 작업이 데이터 라벨링이다. 이와 같은 데이터 라벨링은 자율주행차량이나, 감성인식 로봇, 핀테크, 드론 관련 이미지, 음성신호, 텍스트 등을 다룬다.

전체 작업자의 70% 이상이 20~30대 여성이지만, 최근에는 30대 남성들의 비중도 증가하고 있다. 또한, 모 기업의 설문조사에 따르면 회원들의 절반 이상(54.3%)이 현재 직장인(43.8%)과 자영업자(10.5%)라고 응답할 만큼 많은 사람이 부업으로 데이터 라벨링을 하고 있는 것으로 알려지고 있다. 2020년에만 2만여 명이 넘는 인력이 정부와 기업에서 추진하는 데이터 라벨링에 참여할 정도로 인기가 높다. 데이터 라벨링은 단순하고 반복적인 작업이 많아 '디지털판 인형 눈 붙이기 부업'이란 별명도  얻고 있다. 특별한 경력이나 능력이 없어도 컴퓨터 OA만 할 줄 알면 누구나 할 수 있으

며, 특히 경력단절 여성이나 장애인, 고령층 등 취약계층들에게도 일자리를 구할 수 있는 좋은 기회가 될 수 있다.

　데이터 라벨러의 수익은 라벨러의 능력과 일의 난이도 등 조건 등에 따라 달라진다. 프로젝트 하나당 2시간 미만 작업에 4만원을 받기도 하고, 하루 8시간 전업을 기준으로 할 때 월 최대 200만원 전후도 기대할 수 있다. 또한 단지 아르바이트로 시작했다가 검수 팀장과 프로젝트 매니저를 거쳐 데이터 가공 전문가까지 성장하여 더 높은 보수와 커리어를 쌓는 사례도 있다. 우수한 인재는 계약직 직원으로 채용되기도 한다. 2020년 한 해만 수만 개의 일자리가 생길 정도로 핫한 일자리인 데이터 라벨링은 4차 산업혁명의 아이콘인 AI 산업이 발달하면서 향후 더 많은 수요가 예상되고 있다. 데이터 라벨러는 상시 모집하고 있으며, 관심자는 AI 학습데이터 가공기업인 테스트웍스, 크라우드웍스, 에이모 등이나 관련 단체인 한국창직협회 등의 홈페이지를 방문하면 된다.

IOI 취미와 재능 플랫폼, 클래스101

　클래스101(클래스원오원)은 다양한 분야의 크리에이터들이 자신의 재능을 영상으로 나누는 온라인 클래스 플랫폼이다. 수강을 위한 준비물까지 챙겨주는 온라인 취미 플랫폼이기도 하다. 크리에이터는 시간과 공간의 제약이 없이 자신의 재능과 능력을 성심성의껏 가르쳐주고, 다수 수강생 확보가 가능해 상대적으로 안정적인 프리랜서로 활동할 수 있다. 고객은 어디서든지 편한 시간대에 크리에이터의 클래스를 수강하고, 콘텐츠를 배우며 자신의 취미와 적성을 살려 전업이나 이직, 창직과 창업 등 새로운 기회를 만들 수 있다. 예컨대 온라인쇼핑몰 카테고리에서는 유명강사 신사임당의 '스마트스토어로 월 100만원 만들기' '평범한 사람이 돈을 만드는 비법' 강의를 5개월 동안 월 3만1,740원 정도로 수강할 수 있다.

2021년 2월 현재 클래스101에는 30개 이상의 다양한 카테고리와 1,150여 개 이상의 클래스가 개설되어 있고, 누적 방문자 수는 850만명에 이른다. 크리에이터가 되어 개설할 수 있는 클래스에는 미술, 공예, 디지털 드로잉, 라이프스타일, 운동, 요리, 음악, 사진/영상, 키즈, 랭귀지, 마인드/자기계발, 부동산/주식/재테크, SNS/콘텐츠, 온라인쇼핑몰, 창업, 비즈니스/생산성, 영상/디자인, 데이터/개발, 글쓰기/콘텐츠, 커리어, 기타 등이 있다. 클래스101이 전체 크리에이터에게 정산한 총 금액은 180억원(2019년 기준)이며, TOP 3 크리에이터 평균 수익은 1억6천만원, 첫 달 평균 수익은 652만원이다. 클래스101에 가입된 크리에이터 수는 1만5천명 정도이며, 사용자 리뷰 평점은 4.6/5.0, 앱 하루 평균 이용시간은 13분이다.

클래스101의 크리에이터가 되는 방법은 두 가지다. 자신이 클래스101에 먼저 지원하거나 반대로 클래스101에서 먼저 협업 제안을 해오는 방법이 있다. 지원자는 개설을 원하는 클래스의 계획서를 제출하며, 클래스101에서 검토 후 보완이 이뤄지는데 보통은 2~3개월 정도 걸린다. 최근 유튜버들이 협업을 하기 위해 먼저 제안해 오는 경우도 많다. 반대로 유튜버나 인스타그램 인플루언서 컨텐츠 중 신청자 수가 많을 것으로 예상되는 사람에게 먼저 연락해 섭외하는 경우도 있다.

최근 코로나 여파로 비대면 언택트가 대세가 되면서 클래스101의 이용자 수도 전년 대비 3배 이상 증가했으며, 이에 따라 크리에이터 또한 전업자나 투잡, N잡러까지 모여들면서 힙한 재테크 플랫폼이 되고 있다. 코로나로 인해 집에 있는 시간이 많아지자 홈트레이닝 같은 클래스가 인기를 끌고 있고, 학교에 가지 않는 아이들과 집에서 함께 만들 수 있는 비누나 수채화 DIY 키트 등의 수요가 많아졌다. 클래스101은 향후 중장년층의 수요에 맞는 클래스 개설까지 준비하고 있다.

유데미(Udemy)란 you와 academy의 합성어로 세계적으로 많이 이용하는 온라인 교육 플랫폼이다. 2009년 미국에서 설립되어 전 세계 학생들을 최고의 강사와 연결함으로써 개인이 목표를 달성하고 꿈을 추구하도록 돕고 있다. 현재 전 세계 190개 이상의 국가에서 4천만명의 수강생과 7천 개의 기업고객 및 7만명의 강사를 보유하고 있으며, 15만5천 개 이상의 강좌가 65개 이상의 언어로 제공되고 있다. 언제든, 어떤 주제든 일정에 맞춘 학습을 공부할 수 있으며, 강좌 가격은 최저가 1만5천원부터 판매된다. 강사는 디자인, 개발, 마케팅, IT 및 소프트웨어, 자기계발, 비즈니스, 사진, 음악 등 다양한 카테고리에 온라인 동영상 강좌를 만들고 수강생이 강좌를 구입할 때마다 Paypal 또는 Payoneer를 통해 매달 수익을 지급 받는다.

유데미는 자신만의 강좌를 생성하는 방법에 대한 무료강좌를 제공하는데 여기에는 워크시트와 실제 예시도 포함된다. 강사는 수강생에게 영감을 불어넣고, 지식을 공유하여 사람들이 새로운 능력을 키우고, 경력을 개발하고, 취미를 갖도록 도와준다. 강좌생성 과정을 도와줄 강사들

로 구성된 활발한 커뮤니티를 활용하는 것도 좋다. 강의 경력이 없는 초보 강사일지라도 걱정할 것이 없다. 최신 리소스, 팁 등의 지원을 제공해 주기 때문에 동영상 전문가처럼 흥미로운 강좌를 만들고 적극적으로 활동할 수 있다. 강사가 강좌를 게시하면 유데미 마켓플레이스 프로모션과 강사의 마케팅을 통해 수강생을 늘리고 영향력을 확대할 수 있도록 도와준다. PC와 모바일로 모두 이용 가능하다.

여가 액티비티 플랫폼,
프립(Frip)

최근 취미와 취향을 기반으로 한 비즈니스로 프립, 트레바리, 하비풀, 남의집 프로젝트 등이 있다. 프립(Frip)은 프렌트립이 2016년 3월 앱 서비스를 본격적으로 출시한 여가 액티비티 플랫폼으로 2021년 4월 현재 약 1만3천명의 호스트가 활동하고 있으며, 100만명의 회원을 보유하고 있고, 월평균 호스트 수익은 430만원이다. 플립은 세상의 다양한 경험이 개인의 삶을 더욱 풍성하게 만들어줄 수 있다는 믿음으로, 사람들에게 평소에 쉽게 할 수 없었던 수많은 경험과 도전을 제공하고, 액티비티를 통해 삶을 즐기고 소통하는 공간을 만들어가고 있다. 프립에서 활동하는 노동자를 '호스트'라고 하는데, 자신만의 클래스를 개설하거나 모임을 운영하는 리더를 말한다.

아웃도어, 스포츠, 피트니스, 요리/음식, 문화/예술, 자기계발/모임, 해외여행, 국내여행, 티켓, 대회/이벤트 등 취미와 재능, 경험과 노하우를 활용해 수익을 창출할 수 있어 최근 투잡으로 활동하는 사람도 늘어나고 있다. 프립 가격은 호스트가 책정하며, 플랫폼 수수료 19.8%를 제외한 모든 금액은 매주 수요일마다 정산받는다. 매월 대원들에게 가장 많은 사랑을 받고 있는 호스트를 선정하여 슈퍼호스트 뱃지와 수수료 환급 및 기획전 노출 등 다양한 혜택을 받는 슈퍼호스트 제도도 있다. 이 외에도 호스트는 프립 활동을 통해 다양한 사람들과 네트워크를 이루고 경험을 나누고 공유하면서 다양한 커뮤니케이션을 할 수 있다. 또한, 모임을 리드하는 호스트로서 자신만의 브랜드를 구축하고 인지도와 선호도를 올릴 수 있다. 프립을 운영하다 보면 어느새 팬들이 생기

　2013년 1월 출시된 줌(Zoom)은 전 세계 이용자가 5억 회 이상 다운받았을 정도로 비즈니스 부문 인기 1위의 회의 및 미팅 앱으로 비대면 언택트 시대 필수 프로그램이다. 무료 프로그램 사용시 40분 동안 최대 100명의 이용자가 비디오 및 화면 공유, 음성 및 채팅 대화가 가능해 개인이나 가족, 동호회 등에서 간단하고 편리하게 이용할 수 있다. 좀더 많은 인원 참여와 수준 높은 교육 및 회의, 업무를 원한다면 업그레이드 서비스(연간기준 149$, 199$, 350$ 중 선택)를 선택하면 된다.

　PC나 태블릿, 모바일로 설치 후 계정을 만들고 나면 방만들기 및 초대 혹은 입장이 가능하며 다양한 서비스를 이용할 수 있다. PC는 다운로드 센터에서 회의용 Zoom 클라이언트를 다운받아 설치하며, 스마트폰에서는 앱스토어에서 Zoom을 검색해 Zoom Cloud Meetings 앱을 다운받는다.

　계정을 만든 뒤 회의를 개설하면 3명에서 100명까지 40분 정도 회의 진행을 무료로 이용할 수 있다. 100명을 넘으면 유료로 전환된다. 계정(직접 혹은 다른 SNS와 연동)을 만들어 방장이 되면 다른 사람들을 초대해서 화상과 음성으로 회의를 진행할 수 있다. 만약 다른 주최자로부터 초대 링크를 받았다면 링크를 탭해 바로 회의에 참가해서 이용하면 된다.

는 경우도 있다.

　프립 호스트 가입은 5분 만에 가능하다. 이메일, 페이스북, 카카오톡 계정 중에서 선택하면 된다. 프로필 개인정보(프로필 사진, 이메일, 휴대폰 번호, 이름, 카테고리, 소개글, 호스트 등록경로는 필수)를 작성하고, 닉네임과 공개 연락처는 선택으로 입력할 수 있다. 단, 개인 연락처(전화번호, 카톡 ID, 개인 SNS 주소, 홈페이지 등)는 입력할 수 없다. 호스트 정보를 작성 후 입금계좌와 세금계산서 발급대상(개인 혹은 사업자)을 표기 후 신분증 업로드를 하면 완료된다. 프립은 개인 컨설팅을 지원해 주는데, 호스트 등록 후에는 담당 매니저가 배정되어 함께 프립에 대한 고민, 운영에 대한 고민을 나누며 편집부터 오픈까지 모두 도와주고 호스트와 프립이 함께 파트너십으로 활동하게 된다. 오픈 후 모객을 위한 각종 홍보활동도 진행한다.

사례

전직이 국비학원(NCS) 소잉(재봉)강사였던 P씨는 코로나19로 인해 오프라인 소잉강의가 다 막혀버리자 평소 소잉관련 유튜브를 운영했던 경험을 살려 영상편집 클래스를 줌(ZOOM)에서 오픈하여 현재는 국비학원 강사 때 벌었던 평균수입보다 더 많은 수입을 얻고 있다.

"코로나로 오프라인 강의가 막히자 인스타 공부를 열심히 했어요. 그런데 사람들이 생각 외로 디지털을 모르는구나 싶었어요. 당시 인스타에 영상 올리는 게 한창 유행이었거든요. 2020년 8월 처음으로 키네마스터 클래스를 오픈했어요. 수강료가 15만원이었는데, 누가 올까 싶었는데, 무려 10명이나 신청한 거예요. 신기했어요. 내가 좋아서 익혔던 영상편집을 그냥 알려주는 것일 뿐인데 사람들이 돈을 내고 배우겠다고 하니, '이 돈을 받아도 되나' 싶더라구요."

2020년 11월부터는 꼭 해보고 싶던 독서모임도 줌(ZOOM)에서 수업하고 있다. 코로나로 오프라인 활동이 중단되자 그동안의 경험들과 축적된 정보, 디지털 지식을 모두 꺼내 온라인에서 판매하기 시작한 케이스다. 마인드맵의 일종인 씽크와이즈 강사자격증도 줌(ZOOM) 수업으로 돈을 만든다. P씨가 현재 개설하고 있는 줌 수업의 종류는 총 3~4개로 월 수입은 180~250만원 선이다. 차수가 계속 늘어나면서 P씨에게는 단단한 고정 수입원이 되었다. 인스

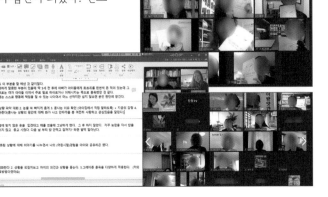

타 활용법을 가르치고 블로그를 봐주는 디지털 튜터 등의 1:1 티칭도 줌으로 한다. N잡러의 특징이 그렇듯 활동을 많이 할수록, 수업의 수를 더 늘릴수록 수입은 늘어난다.

생활서비스 매칭 플랫폼, 숨고

숨고는 '숨은 고수'라는 의미의 생활서비스 매칭 앱이며, 숨고 플랫폼의 노동자를 '고수'라고 부른다. 고객이 숨고에서 어떤 분야의 전문가를 찾으면 숨고에 등록된 고수들이 고객의 요청서에 맞는 견적서를 넣게 되고, 고객은 고수들의 견적서를 비교해서 마음에 드는 고수를 선택해 서비스를 진행하는 방식이다. 2021년 4월 현재 숨고에는 500만명의 고객이 가입되어 있고, 레슨, 홈/리빙, 이벤트, 비즈니스, 디자인/개발, 건강/미용, 알바 등 1,000여 가지 분야에 등록된 60만여 명의 고수들이 활동하고 있다. 숨고는 인테리어, 이사, 청소, 과외, 웨딩, 펫시터 등 각종 생활서비스 고수를 무료로 빠른 시간(최대 48시간 이내)에 찾아주고, 고객들이 원하는 조건에 딱 맞는 서비스를 제공해 준다.

숨고는 이처럼 고객에게도 좋지만 숨고에서 활동하고자 하는 '고수'들에게도 매력적인 플랫폼이다. 고객을 꾸준히 만날 수 있는 기회를 제공하는 동시에 마케팅과 고객모집 등에 드는 시간과 비용 등을 아껴줄 정도로 효율성을 극대화시켜주기 때문이다. 숨고 고수가 되기 위해서는 먼저 전문활동 분야를 선택하고 등록하게 된다. 고객이 도움이 필요한 서비스 요청서를 작성하면 숨고가 검토 후 고수에게 무료로 요청서를 보내준다. 고수는 요청서를 확인 후 간단히 맞춤 견적금액만 입력하면 프로필과 함께 고객에게 메시지로 견적서가 전송된다. 이후 견적을 의뢰한 고객과 채팅과 전화(안심번호)로 자세한 사항을 협의하고 거래한다.

고수는 전업 혹은 프리랜서도 많지만, 직장인으로서 부업을 찾고 있는 N잡러에게도 가능하다. 이제라도 숨고 고수가 되고자 하는 지원자라면 부담을 덜 가져도 된다. 기존 고수에 비해 불리한 조건에 있는 신규 고수들이 잘 적응할 수 있도록 '신규 고수 안착 제도'라는 것이 있기 때문이다. 이는 숨고 입장에서도 신규 고수들의 진입장벽을 낮추면서 지속적으로 인재를 영입하고, 플랫폼을 활성화하려는 의도가 있기 때문에 중요하다. 고수가 유의할 점 한가지는 고객과 분쟁을 일으키는 고수는 원 스트라이크 아웃제로 퇴출하기에 최대한 유의해서 신경을 써야 한다.

글로벌 프리랜서 중개 플랫폼,
파이버(Fiverr)와 업워크(Upwork)

파이버(Fiverr, FVRR)는 '5달러에 프리랜서를 고용할 수 있다'는 뜻을 가진 이스라엘의 프리랜서 중개 플랫폼으로 2020년 3분기 연간 활성화 구매자가 310만명 정도다. 영상비디오 편집이나 번역, 그래픽 디자인, 프로그래밍, 애니메이션, 강의 등 8개 업종 400여 개의 다양한 분야를 중개하며 전 세계의 프리랜서와 소기업 구매자들을 연결시켜 주고 있다. 예컨대 우리나라 디자이너가 파이버라는 플랫폼을 통해 미국이나 유럽의 기업 구매자와 매칭이 되어 원하는 디자인을 완성해 주고 수수료를 받을 수 있다는 얘기다. 프리랜서가 받는 비용은 5달러부터 몇백 달러까지 다양하다. 파이버의 강점은 구매자의 가격 대비 만족도가 높다는 점이다. 중소규모 구매자가 전문 디자인업체에 로고 디자인을 의뢰하면 비용부담이 크지만, 파이버를 통해 전 세계 프리랜서와 매칭이 되면 가성

비 좋고 뛰어난 디자인을 서비스 받을 수 있다.

　업워크(Upwork, UPWK)는 파이버와 더불어 세계 최대 글로벌 프리랜서 중개 플랫폼이다. 한국의 크몽, 탈잉, 숨고와 같은 비즈니스 모델로, 2019년 글로벌 프리랜서 플랫폼 중 1위를 차지했다. 매년 300만 개의 일자리를 창출하고 500만 개 이상의 고객사와 180개국 1,400만 프리랜서가 등록되어 있으며, 연간 프리랜싱 총매출은 10억 달러이다. (2017년 3월 기준) 코로나19로 재택근무와 온라인 채용이 확산되면서 업워크의 일자리 중개기능도 활발하게 이루어지고 있는데, 2020년 한 해에만 23억달러(약 2조6천억원)이상의 수익을 올린 것으로 알려졌다. 전문성이 낮은 로고나 전단지 디자인 같은 소규모 작업을 하는 파이버에 비해 업워크는 수준이 높은 소프트웨어 전문가 프리랜서들의 활동비중이 높은 편이다. 활동분야로는 개발 및 IT, 웹&앱 개발, 디자인 및 크리에이티브, 관리자 및 고객지원, 엔지니어링 및 건축, 영업 및 마케팅, 글쓰기 및 번역, 재무 및 회계 컨설팅 등 포함 1만 개 이상이다. 가성비가 뛰어난 프리랜서를 활용할 수 있다는 장점이 있다. 아프리카와 같은 저임금 국가의

웹디자이너 프리랜서를 활용하면 로로 디자인 작업도 겨우 5달러로 해결할 수 있다. 뿐만 아니라 미국과 유럽 선진국 등 인력풀을 활용할 수 있기 때문에 한국에서 해결하기 힘든 작업이나 고급인력들도 구할 수 있다.

고급인재 매칭 플랫폼, 탤런트뱅크

탤런트뱅크(Talent Bank)는 20~30년 동안 쌓아온 풍부한 비즈니스 경험과 전문지식을 기업에 전수하는 고급인재 매칭 플랫폼이다. 기업고객의 입장에서는 사업성공을 위해 전문가의 도움이 필요하지만, 전문가 채용에는 많은 시간과 비용, 리스크가 발생한다. 탤런트뱅크는 기업고객이 필요한 시간만큼, 원하는 조건으로 탑클래스의 전문가를 연결해 준다. 탤런드뱅크 전문가는 자신이 가진 전문성과 노하우를 필요로 하는 다양한 기업에서 원하는 만큼의 일을 수행하면서 수익을 올릴 수 있다. 대기업 임원 15년과 중소기업 COO 11년 경력의 K씨는 지인의 소개를 받고 탤런트뱅크 전문가(Expert)로 합류했다. 오전에는 A기업에서 비용절감 TFT 멤버로서 일하고, 오후에는 테니스를 즐긴다. 오후 5시부터는 B기업의 정기 임원회의에 참석해 경영 전반에 관한 자문역할을 수행한다.

전문분야로는 경영전략/신사업, 영업/구매/유통, 인사/총무, 재무/

투자, 마케팅, 엔지니어링, IT, 디자인/패션, 법무/대정부, 기타 등이 있다. 탤런드뱅크 전문가가 되면 신규 프로젝트 형태의 중·단기 과제를 수행하며, 일회성의 초단기 자문으로 전문분야에 대한 컨설팅도 한다. 또한, 헤드헌팅으로 기업에 정식으로 채용되어 자신이 가진 비즈니스 역량을 발휘하며, 기존 기능조직의 역할을 아웃소싱 형태로 수행한다. 매니저가 매니저 메시지, 정기레터 등을 통해 끊임없이 전문가와 소통하며 밀착 관리한다. 대기업 팀장 또는 중소기업 임원 이상 경력 보유자라면 누구나 지원할 수 있다. 인증이 완료된 후에는 원하는 프로젝트에 지원하거나, 프로젝트를 직접 의뢰받을 수 있다.

짧은 책 만들기,
PDF 전자책 부업

코로나19로 비대면 언택트가 보편화 되면서 e-book이나 오디오북으로 책을 보고 듣는 시장이 커지고 있다. 이런 분

위기 속에서 요즘 직장인들의 핫한 부업 중 하나가 바로 PDF 전자책 출판이다. PDF 전자책은 오프라인에서 활자화된 보통 책과 달리 온라인에서 판매되는 10~50페이지 내외의 분량의 책이다. 핵심적인 엑기스 정보를 요약해서 판매하는 e-book 형태의 책이라고 할 수 있다. PDF 전자책의 장점은 초기 투자비용이 적고 리스크가 적다는 점이다. 보통 책은 출판사가 제작해 서점을 통해 배포하기 때문에 비용이 많이 들고, 과정이 복잡해 수수료를 제하고 저자가 가져가는 몫은 보통 6~8% 정도에 불과하다. 하지만 PDF 전자책은 자신이 직접 제작하고 판매하기 때문에 마진율이 높은 편이다. 크몽이나 탈잉과 같은 판매 플랫폼을 이용할 경우 일정 이용수수료 20%를 제하고, 나머지 판매금액의 80%의 수익을 가져간다.

PDF 전자책은 누구나 작성이 가능하다. 자신이 베스트셀러 작가나 유명한 인플루언서, 전문가가 아닌 평범한 일반인, 직장인이라도 상관없이 누구나 가능하다. 고객들이 원하는 것은 전문가 수준이 아니라 실전에서 경험해본 노하우나 팁을 원하는 경우가 많기 때문이다. 컴퓨터 워드로 문서만 작성할 줄 안다면 시작할 수 있다. 한글이나 워드 프로세스, 구글 Docs에서 문서를 작성하고 수정해서 PDF 형태로 저장해도 되고, 저작권 걱정이 없는 무료 디자인툴 '미리캔버스'를 활용해도 된다. 처음 글을 쓸 때 무엇을 어떻게 써야 할지 고민이 된다면 다른 작가들의 PDF를 먼저 보면서 벤치마킹해도 좋다. 처음부터 글쓰기에 너무 부담을 갖거나 겁먹지 말고, 자신만의 독특한 아이디어와 노하우, 스토리가 있다면 그것을 중심으로 간단하게 정리하면 된다.

사람들이 어떤 주제에 관심이 있고, 무엇을 고민하는지 연구해 보고 책의 제목과 주제를 정한다. 그런 다음 목차를 나누고 세부적인 것을 하나씩 보충하고 수정해 간다. 자신이 글 쓰는 것을 좋아하고 관심있는 사람이라면 PDF 전자책에 도전해 볼 것을 추천한다. 특히 PDF 전자책 서비스를 등록하기 전 크몽이나 탈잉에서 전자책 노하우, 서비스 제작 가이드를 참고하는 것이 시간과 노력을 줄이는 데 많은 도움이 될 것이다. 처음부터 판매가 부담되면 무료로 먼저 배포해서 사람들의 반응을 보는 것도 좋은 방법이다. 그런 다음 인지도와 경험이 좀더 쌓이면 유료로 전환해도 늦지 않다. 유성우 PDF 전자책 작가는 〈네이버 포스트 완전공략 매뉴얼〉이라는 제목의 10페이지 분량의 PDF 전자책을 3일 만에 쓰고, 4개월 만에 1,500만원의 수익을 올리며 화제가 되었다.

유튜브 채널 〈글 1,000개 쓴 글천개〉를 운영하는 프리미엄 전자책 플랫폼 노트 신승철 대표는 전자책 한 권으로 5개월 만에 9,200만원의 수익을 올렸다. 육아로 경력단절된 엄마는 보름 만에 524만원 수익을 올리고, 갓 전역한 23살 청년이 아이템 2개만으로 월 1,100만원의 수익을 올렸다. '영업 초보가 법인 계약 61건 달성한 노하우'나 '광고비 없이 월 매출 3천만원 스마트스토어 노하우'라는 PDF를 판매한다. 초보자라도 문서작성만 할 수 있으면 5일 만에 30페이지의 PDF 전차책으로 매주 50만원의 수익을 벌 수도 있다. PDF 전자책은 한 번 제작해 올려두면 더 이상 글을 쓰지 않아도 될 뿐 아니라, 자기도 모르는 사이 계속해서 팔리는 자동화 수익구조를 가진 가성비 좋은 부업이다.

디자인툴: 미리캔버스와 망고보드, 캔바

미리캔버스(miri canvas)는 저작권 걱정이 없는 수만 종의 디자인 탬플릿을 공짜로 이용할 수 있는 무료 디자인 툴이다. 저작권은 미리캔버스에서 부담하기 때문에 워터마크가 없는 진짜 무료 툴을 상업적으로 마음껏 이용할 수 있다. 디자인을 전공하거나 배우지 않은 사람도 조금만 연습하면 누구나 쉽게 만들 수 있다. PPT, 로고, 배너, 카드뉴스, 유튜브 썸네일 등을 왕초보도 30분 만에 전문가 수준의 디자인을 만들 수 있다. 자신이 원하는 탬플릿을 선택한 후, 글자만 입력하면 전문가가 작업한 것 같은 디자인이 완성된다. PC, 태블릿, 모바일 등 자신이 원하는 기기로 언제 어디서나 디자인을 할 수 있으며, 복잡한 설치가 필요 없는 간편한 디자인 툴이다. 업무가 익숙해지면 실제적인 작업은 몇 분 걸리지 않지만, 고객의 요구에 맞는 이미지나 디자인을 고르려면 20~30분 정도 투자하면 된다. 이런 작업을 한 후 크몽과 같은 프리랜서 마켓(재능공유 사이트)의 디자인 영역에 공고를 올려서 문의 받으면 된다.

처음 시작하는 초보자의 경우 클라이언트의 부담을 줄이도록 저렴한 가격대로 시작하는 것이 유리하다. 탬플릿을 이용해 상세페이지 등의 디자인작업을 하는 초보 부업러가 흔히 하기 쉬운 실수로 '남들이 얼마 받는가' 시장조사한 후 남들의 평균금액으로 작업비를 정하는 것이다. 처음에는 손님을 끌 수 있는 매력적인 가격, 즉 남들보다 낮은 가격으로 시작하는 게 좋다. "가성비 높다, 고맙다, 만족한다" 등의 좋은 평점과 댓글이 달리기 시작하고 안정적 수준에 올랐을 때 프로페셔널한 가격을 붙여도 늦지 않다.

한편, 누구나 만들기 쉬운 디자인, 동영상 플랫폼 망고보드(무료, 유료)도 참고하자. 망고보드를 이용하면 PPT부터 인스타그램 피드까지 디자인을 몰라도 손쉽게 원하는 작업을 일정 수준의 퀄리티로 만들 수 있다. 그래픽디자인이나 로고 등을 무료로 만들수 있는 캔바(canva)도 많이 이용하는 플랫폼이다.

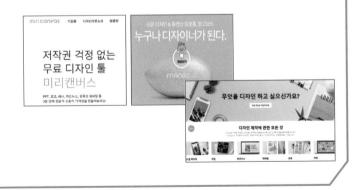

취향 모임 플랫폼,
남의집

남의집은 가정집 거실이나 작업실, 가게 등 자신의 개인 공간에 취향이 비슷한 게스트를 초대하여 6명 안팎의 소규모로 대화를 나누는 취향 모임 서비스다. '청첩' 남의집은 신혼집에서 결혼과정에 관한 이야기를 나눈 모임을 진행했다. 2021년 4월 현재 열린 남의집 수는 4,059회, 호스트는 1,572명, 방문한 게스트는 1만 123명이다. 남의집 주최자는 호스트라고 하며, 호스트는 자신의 공간에서 나누고 싶은 취향을 주제로 남의집을 열고 함께 하고 싶은 게스트를 초대해 취향 모임을 운영하는 활동을 한다. 남의집 호스트가 되면 취향이 통하는 새로

운 사람들을 만날 수 있고, 모임을 운영하며 부수입도 올릴 수 있는데, 게스트 입장료의 80%를 월말에 정산받는다. 또한 자신의 취향을 통해 퍼스널 브랜딩도 할 수 있다. 남의집 호스트는 대화를 나누고 싶은 주제나 시시콜콜한 취향만 있으면 연령, 성별에 상관없이 누구나 가능하며, 전문가가 아니라도 상관없다. 호스트가 되기 막막하다면 매주 진행되는 온오프라인 상담소와 일대일 문의를 통해 도움을 받으면 된다. 본업 외에 자신의 취향을 나누며 부수입까지 벌 수 있는 핫한 부업인 남의집에 도전해 보자.

웹툰 플랫폼, 레진코믹스

레진코믹스(Lezhin Comics)는 네이버웹툰, 카카오페이지, 리디주식회사, 탑코, 투믹스 등과 같은 국내 대표 웹툰 유통 플랫폼이다. '재미있는 만화를, 쉽게 결제해서, 편하게 보게 하자'를 목표로 2013년 6월 런칭한 레진코믹스는 웹툰은 무료라는 기존의 고정관념을 깨고 부분 유료화 사업모델을 만들어 국내 최초 유료 웹툰 서비스를 시작했다. 로맨스, BL, 드라마, 판타지, 개그, 액션, 학원, 미스터리, 일상, 백합 등 다양한 작품이 있으며 8천여 편의 만화를 서비스 중이다. 국내 웹툰시장의 활성화를 이끌었고,

2015년부터는 일본과 아시아, 미국, 유럽 시장까지 진출해 K팝과 K뷰티에 이어 K웹툰을 선도하는 글로벌 웹툰기업으로 영향력을 확대하고 있다.

레진코믹스는 매월 작가들에게 판매정산금을 지급하는 방식으로 운영한다. 웹툰 작가의 수익은 독자들이 결제한 금액에서 수수료를 제외한 60% 이상이 작가에게 원고료로 지급된다. 주 1회 연재 기준 독점연재 웹툰 작가에게는 월 240만원 이상의 소득을 보장한다. 작가는 독자가 작품감상에 사용하는 1코인당 50원을 받는다. 돈을 많이 버는 작가들이 나타나면서 억대 연봉 작가도 등장했다. 특히 새로 데뷔한 작가나 인기가 없는 작가의 안정적인 창작활동을 지원하기 위해 최저소득을 보장, 지원하는 월 MG 제도를 도입했다. 레진코믹스에 웹툰을 연재하려면 4화 이상의 '완성 원고'와 '작품 기획서'를 직접 투고하면 작품 발송 후, 3주 이내에 메일로 검토 결과를 받게 된다. 레진 챌린지나 공모전에 도전하는 방법도 있다. 반대로 '레바툰'과 '바나나툰'처럼 인터넷상에서 아마추어로 활동하다가 유명해져 레진코믹스 측의 프로포즈를 받고 합류하는 경우도 있다.

만화와 웹툰에 관심은 있으나 어떻게 시작해야 할지 막막하다면 K-Comics 아카데미 홈페이지에서 가까운 웹툰 창작체험관과 지역 웹툰 캠퍼스를 검색한다. 지원하는 프로그램 및 시설을 살펴보고 각 기관 담당자에게 문의하고 신청하면 된다. 웹툰 작가 데뷔를 꿈꾼다면 K-Comics 아카데미 데뷔 반을 문의하면 된다. K-Comics 아카데미 데뷔반은 예비창작자의 데뷔를 위한 교육 지원 프로그램으로 자신의 웹툰 1화를 완성할 수 있는 종합 컨설팅 반이다. 여기에서는 현직 작가들의 노하우뿐만 아니라 향후 방향설정까지 컨설팅 받을 수 있다. 아이디어부터 스토리텔링, 콘티 제작, 캐릭터 세팅, 디지털 제작, 디지털 컬러링 등 각 분야별 전문 강사들의 강의를 실시간 온라인으로 들을 수 있다.

 **디자이너 플랫폼,
라우드 소싱**

라우드 소싱은 고객(기업, 개인)과 디자이너를 매칭시켜 주는 디자이너 플랫폼이다. MBC 〈맛있는 녀석들〉의 맛둥이 캐릭터도 라우드 소싱에서 활동하는 '한아이'라는 디자이너에 의해 빛을 보게 되었다. 이용방식은 다음과 같다. 예를 들어, 당신이 고객이라면 원하는 디자인이 필요할 때 라우드 소싱 플랫폼에 최소한 10만원의 등록금(신규회원은 7만원으로 할인)을 낸 후 원하는 종류의 디자인 컨테스트를 열어 일정한 금액의 상금을 건다. 그러면 라우드 소싱에 가입되어 있는 디자이너들이 상금액과 고객이 요구하는 디자인 컨셉을 보고 작품시안을 준비해 응모한다. 고객은 디자이너들이 올린 공모작 중에서 가장 마음이 끌리는 공모작을 선택해 디자인 작업을 진행하여 마무리하게 된다. 디자인 작업이 마무리되면 라우드 소싱은 해당 디자이너에게 수수료를 제외한 상금을 지급하게 된다.

디자이너가 콘테스트에 지원할 카테고리는 로고, 아이디어, 제품/패키지, 웹/앱, 인쇄물 등 다양하다. 컨테스트 최저상금은 분야별, 상품별로 상이하므로 확인이 필요하다. 예를 들어 로고 디자인의 경우 브론즈형(저가형 최소 30만원), 실버형(일반형 60만원), 골드형(고급형, 100만원), 프리미엄형(150만원)이 있다. 디자이너가 콘테스트에서 우승하면 상금액의 80%는 디자이너에게 지불되고, 나머지 20%는 디자이너 세금 및 라우드 소싱 수수료로 제해진다. 단, 디자이너에게 100% 상금 지불을 원하면 '수수료 부담' 옵션을 선택하면 되고, 유료 옵션비와 VAT 10%가 별도로 추가

된다. 2021년 4월 현재 14만2천여 명의 디자이너가 활동하고 있으며, 삼성, 현대, 포스코 등 대기업과 정부기관 포함 1만9천여 고객들이 라우드 소싱 서비스를 이용하고 있다.

디자이너들에게는 학벌과 스펙에 상관없이 누구나 도전할 수 있는 기회의 장이 된다는 점에서 매력적이다. 고졸 출신 혹은 대학생이라도 디자인 실력만 있으면 삼성, 현대와 같은 대기업이 의뢰한 디자인 작업을 할 수 있는 것이다. 또한, 신입 디자이너들은 경험도 쌓고, 좋은 포트폴리오도 만들 수 있는 특별한 기회를 가질 수 있다. 2020년 코로나19로 인해 기업들은 디자인 인력 감축과 동시에 아웃소싱을 통한 디자인 작업을 진행하고, 중소 자영업자들은 온라인 배달시장 진입과 온라인몰 창업을 시작하는 움직임이 늘어나면서 라우드 소싱의 성장세는 계속될 전망이다. 특히 유튜브 시장에 너도나도 뛰어드는 방송인과 일반인들이 폭증함에 따라 라우드 소싱을 통한 캐릭터와 디자인 작업 수요는 더욱 늘어날 것으로 보인다.

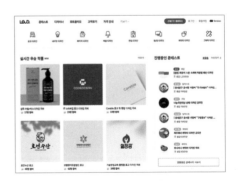

사진 · 동영상 판매
플랫폼

동영상이나 사진을 촬영해 돈을 벌기 위해서는 전문가나 사진, 카메라 기자들 정도가 되어야 한다고 생각할 수 있다. 그러나 요즘은 스마트폰의 카메라 화질과 기능이 뛰어나기 때문에 일반인일지라도 스마트폰을 다룰 줄만 안다면 누구나 사진과 영상을 찍어 돈을 버는 시대가 되었다. 전문가용 DSLR 혹은 고가의 드론 장비나 짐볼 같은 장비를 사용하면 좋지만 이런 것이 없다면 스마트폰만으로도 충분히 가능하다. 초보자 혹은 일반인일지라도 사진과 영상 거래 플랫폼에 회원가입하고 자료를 업로드하면 일정한 심사와 승인과정을 거쳐 판매 및 구매 거래가 이루어지고, 그에 따라 해당 작가에게 정산이 된다.

단, 사진 영상 플랫폼에 자료를 업로드할 때 저작권 문제가 없는 사진이나 영상을 올려야 한다. 상업적 혹은 비상업적인 사진 및 영상 광고가 필요한 개인이나 단체, 광고, 신문, 잡지, 출판업계 관련한 구매자는 일정한 비용을 지불하고 구매하게 된다. 예컨대 크라우드픽에서는 사진 1장당 최소 500원 정도에 거래

가 되어 작가(사진 및 동영상)에게 정산되며, 이런 판매가 누적될수록 금액은 자연히 많아진다. 이처럼 다양한 장비와 다양한 장소에서 촬영한 이미지와 동영상을 판매하고 구입하는 사진 및 동영상 거래 플랫폼으로는 셔터스톡, 크라우드픽, 픽사베이, 유토이미지, 트립클립, 라이프 톡 등이 있다. 촬영대상은 개나 고양이 등 동물부터 나무와 숲, 강 등 자연환경, 음식, 여행지 등 다양하다. 이제 블로그나 인스타, 페이스북 등에만 올리던 멋지고 예쁜 사진이나 동영상을 스톡 사진 동영상 플랫폼에 올려 짭잘한 부수입을 챙겨보자.

크리에이터 굿즈샵, 레드버블

'내가 쓴 문구, 내가 찍은 사진, 내가 그린 그림' 등 자신의 모든 아이디어와 디자인이 상품(굿즈)화 되어 판매되고 수익을 올릴 수 있는 크리에이터 굿즈샵에는 레드버블을 비롯해 Threadless, Society6, 마플샵 등이 있다. 2006년 호주 멜버른에서 시작된 레드버블은 판매자가 자신의 사진이나 디자인을 업로드하면 티셔츠나 머그컵, 스티커 등 다양한 굿즈의 제작부터 재고관리, 배송, CS에 이르기까지 모든 과정을 책임지고 서비스해 준다. 전 세계 70만명 이상의 아티스트와 디자이너들이 활동하고 있고, 수백만명의 회원이 연결되어 구매가 이루어지고 있다. 어떤 셀러는 파도 사진 한 장으로 티셔츠를 팔아 수천만원을 벌었다는 유명한 일화도 있다. 엣시가 디지털 파일로 그림이나 사진을 판매하는 곳이라면, 레드버블은 그림이나 사진이 들어간 굿즈를 판매한다는 점이 다르다. 그림이나 사진에 대한 저작권은 업로드한 판매자에게 있다.

사진보다는 창의적이고 스타일리시한 그림이나 디자인으로 올린 제품들이 잘 팔리며, 카테고리별로 잘 팔리는 상품을 벤치마킹하는 것이 판매에 도움이 된다. 다른 판매 플랫폼보다 간편하고

무료로 사용할 수 있어 초기 자본에 대한 부담이 적다. 사진이나 디자인을 등록해서 굿즈를 선택하면 판매에서 배송까지 전 과정을 알아서 해주기 때문에 POD(프린트 온 디맨드) 사업을 시작하려는 초보자에게 유리하다. 그림 그리기를 좋아한다면 취미로 그린 그림을 올리고, 사진 찍기를 좋아한다면 스마트폰이나 카메라로 찍은 예쁘고 멋진 사진을 업로드하면 된다. 포토샵을 다룰 줄 알거나 혹은 캔바나 망고보드 같은 손쉬운 디자인 프로그램을 활용해 다양한 굿즈 제작 판매로 수익을 올릴 수 있다. 수익은 매달 15일 기준으로 20달러가 적립되면 받을 수 있고, 판매수익금 정산은 페이팔이나 페이오니아로 할 수 있다.

창작물 판매 플랫폼, 엣시(Etsy)

엣시(Etsy)는 그림과 수공예품 등 핸드메이드 제품부터 패션아이템, 디지털 파일 등 개인의 창작품을 해외에 판매할 수 있는 글로벌마켓으로 '넥스트 아마존'이라고도 한다. 디지털 드로잉, 일러스트, 포토샵, 사진촬영, 손그림, 수채화 등 취미를 가진 초보자라도 엣시를 통해 전 세계인을 상대로 수익을 창출하는 부업이 가능하다.

평범한 육아맘이었던 디지털 노마드 '그레이쓰'는 기본적인 포토샵만으로 시작해 2018년 연매출 1억을 올렸으며, 현재 상위 1% 엣시 셀러가 되었다. 엣시의 장점은 셀러가 되기 위한 과정이 국내보다 쉽고 간편하다는 점이다. 페이팔(paypal) 계정이나 이메일만 있으면 곧바로 셀러로 판매가 가능하다.

엣시의 상품 카테고리는 크게 보석 및 액세서리, 아트 및 컬렉션, 크래프트, 빈티지, 웨딩 및 파티, 홈 앤 리빙 등이다. 초보 셀러로 시작한다면 어려운 수공예품 대신 간단한 디지털 파일 판매부터 시작하는 것도 좋다. 자신이 그린 그림이나 일러스트, 그래픽 디자인, 촬영한 사진을 디지털 파일로 판매하며 수익을 올릴 수

있기 때문이다. 디지털 파일 판매는 인쇄나 배송, 재고관리 등이 필요 없어 부담이 없다. 참고로, 엣시에 대해 1도 모르는 왕초보자라면 취미·재능 플랫폼인 클래스101에서 SNS/콘텐츠·노마드 그레이쓰 클래스를 수강하면 아이템 선정부터 엣시 스토어 개설까지, 디지털 판매의 모든 것을 배울 수 있다.

이모티콘 작가 '댈희'는 취미활동으로 시작한 그림그리기에 재미를 붙이다가 우연히 5분짜리 이모티콘 강의 영상을 보고 '혹시 나도 할 수 있을까?' 하며 시작했다. 비전공자 출신의 그는 직장인으로 육아를 하면서도 6개월 만에 이모티콘 작가로, 동시에 '이모티콘으로 부업 만들기' 강사로까지 활동하며 부수입을 올리고 있다. 수익금은 보통 30~35% 정도 작가에게 지급된다. 제작기간은 아이디어와 컨셉에 따라 달라서 몇주에서 몇 개월까지 걸리며 출시까지 고려하면 거의 6개월 정도는 걸린다고 한다.

상대방과 대화할 때 딱딱한 텍스트보다는 그림으로 감정을 부드럽고 친근하게 표현할 수 있는 이모티콘은 스마트폰이나 태블릿 PC만 있으면 충분히 제작이 가능하다. 전공자가 아니어도, 그림을 잘 그리지 못해도 아이디어와 열정만 있으면 누구나 가능해 많은 이들의 도전이 이어지고 있다.

모바일 앱개발 솔루션,
스마트메이커

스마트메이커는 최신 AI 기술을 활용하여 워드처럼 쉬운 그래픽 도구로 자신이 만들 내용을 그려주기만 하면 앱 프로그램을 자동으로 제작해 주는 모바일 앱 제작 및 운용 솔루션이다. 만든 앱은 안드로이드폰, 아이폰은 물론 일반 PC에서도 그대로 운영이 가능하다. 구글 플레이스토어나 애플 앱스토어 등 오픈마켓에 업로드해서 판매하거나 광고를 붙여서 큰 수익을 얻을 수 있다. 앱에 구글 광고 탑재시 매월 구글에서 광고수입이 들어온다. 노래를 작사·작곡하는 창작자에게 저작권료가 들어오듯이 자신이 앱을 한 번 만들어놓기만 하면 어플을 다운받아 사용하고 광고를 클릭하는 사람들을 통해 저절로 수익이 발생한다.

무주 안성초등학교 교장이던 60대 후반 권남진 씨는 정년퇴직 후 1년 동안 초·중·고 학생들을 위한 학습평가앱 52종을 직접 개발해 원스토어를 통해 출시해 주목을 받았다. 권남진 씨의 경우처럼 별도의 프로그래밍 교육을 받지 않은 비전문가가 노코드 도구로 직접 앱을 만들어 서비스하는 사례들이 많아지면서 앱을 직접 만드는 부업이 새로운 디지털 부업으로 관심받고 있다. 컴맹인 사람도 누구나 스마트메이커를 활용하면 2시간 만에 앱을 만들 수 있는 것이다. 이렇게 스마트메이커로 만든 앱 중에는 옷 입히기 게임을 만들어 한 달 만에 10만명이 다운로드를 한 사례도 화제가 되기도 했다. 스마트메이커라는 노코드로 앱을 만드는 과정은 간단하다. 엑셀과 파워포인트, 워드와 그림판을 사용하듯 자신이 만들고 싶은 앱의 기능을 마우스로 옮겨주면 된다. 또한 앱을 만든 뒤에는 구글 애드몹 광고를 넣어주면 된다.

코로나19로 인한 비대면 언택트가 자리잡으면서 스마트폰 앱을 활용한 다양한 디지털 부업과 스타트업이 우후죽순으로 생겨나고, 앱시장은 폭발적으로 성장하고 있다. 날씨앱, 배달앱, 쇼핑몰앱, 부동산앱, 학습용앱, 커뮤니티앱 등 다양한 분야에 사용되고 있는 앱은 이제 디지털 부업과 스타트업, 기업들의 필수 플랫폼이 되었다. 스마트메이커와 같은 노코드 도구로 자신만의 앱을 만든다면 새로운 기회를 창출하고, 활용도에 따라 엄청난 수익도 기대해볼 수 있다. 취미로 시작해서 돈도 버는 앱 만들기, 복잡한 코딩이 필요 없는 노코드 스마트메이커로 디지털 부업에 도전해보자.

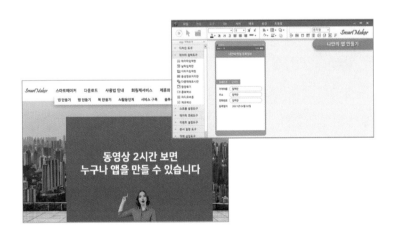

　코멘토는 온라인 취업 멘토링 및 채용 서비스 플랫폼이다. 취준생의 취업고민 질문 및 자기소개서, 면접 등을 기업 현직자가 상담과 첨삭을 해주는 '멘토링 서비스'와 멘토링 정보를 통해 기업과 인재를 매칭시켜주는 '채용 서비스' 두 가지를 하고 있다. 코멘토에서는 인터넷에 없는 직무 정보도 현직자가 실무에서 경험한 알짜정보를 생성하고 디테일하게 알려주기 때문에 꿀팁을 얻을 수 있다. 예를 들어, MD 현직자가 알려주는 유통, 홈쇼핑 최신 트렌드, 그리고 취업전략 등의 영상강의를 365일 스트리밍하는데 1만5천원 정도에 요긴한 정보들을 얻을 수 있다.

　또한, 인턴 경험이 없다면 코멘토 직무부트 캠프에 참여하여 어려운 지원 프로세스 없이 직무경험도 쌓을 수 있다. 직무부트 캠프는 현직자 멘토의 현업과제를 수행하면서 실무경험을 쌓는 체험형 교육 프로그램으로 300종 이상 1,500여 개의 직무가 운영중이다. 5주 직무부트 캠프 참여시 1회의 강의와 4회의 과제를 통해 현업자 수준의 직무 이해도를 얻게 되며, 성공적인 미션 완료 후에는 직무 경험을 증명할 자료와 수료증을 받을 수 있어 취업시 중요한 직무 경험으로 활용된다. 제휴대학 학생은 코멘토가 무료이며, 간단한 신청절차를 통해 코멘토의 다양한 서비스를 무료로 이용할 수 있다. 대학생이나 재직자의 경우 학업, 업무와 병

행하며 관련 실무자와 깊이있는 직무경험을 사전에 쌓을 수 있다.

한편, 코멘토의 리드 멘토가 되면 취준생 멘티들의 진로선택을 도와주며 수익을 창출할 수 있는데, 캠프당 최소 18만원부터 최대 65만원까지 받을 수 있다. 리드 멘토 지원신청은 코멘토 현직자 인증이 완료된 자를 대상으로 하며, 멘티들에게 생생한 직무경험을 공유할 수 있는 현직자라면 누구나 가능하다. 리드 멘토가 되면 5주 동안 총 3회의 세션과 2회의 과제 피드백을 리드하게 되고, 각 캠프마다 과정개발 전문가, 운영 코디가 배정되어 운영 및 참가자 관리도 지원받게 된다.

4 누구나 할 수 있다! - 초간단 리워드

　코로나19로 집에 있는 시간이 많아지면서 직장인이나 주부, 젊은층 사이에서 앱테크 열풍이 불고 있다. 앱테크란 애플리케이션과 재테크를 합친 말로 스마트폰 앱으로 수익을 내는 신종 재테크다. 앱을 다운받거나 광고를 시청하고 글을 올리면 그에 대한 보상으로 리워드 서비스를 캐시로 지급해주고, 제휴사 쿠폰과 현금으로 사용하게 해준다.

스마트폰 잠금화면 앱,
캐시슬라이드

캐시슬라이드는 세계 최초 잠금화면 서비스 리워드 앱으로 잠금해제만으로 캐시가 적립되며 최신 뉴스와 트렌드 정보까지 한눈에 확인할 수 있다. 신규 회원가입시 가입축하 100캐시, 기본정보(이메일, 안심 비밀번호) 입력시 100캐시, 닉네임 설정시 100캐시 등 총 300캐시를 받는다. 또한 친구를 초대하면 자신과 친구 모두 500캐시를 받는다. 잠금화면에서 적립 가능한 광고를 본 후 잠금을 해제하면 캐시적립이 가능하다. 또한 캐시슬라이드 앱 내에서 '바로 적립받기' 메뉴에서 다양한 광고를 확인하면 더 많은 캐시를 적립 받을 수 있다.

적립형 만보기 앱,
캐시워크

캐시워크는 걷기만 해도 포인트가 쌓여 돈을 버는 만보기 스타일의 리워드 앱이다. 많이 걸어서 건강도 챙기고, 돈도 벌 수 있으니 일거양득인 스마트 앱테크다. 하루 최대 1만 보를 걸으면 100캐시(약 100원)을 적립해 주고, 적립된 캐시는 앱 안에서 카페와 베이커리, 편의점, 뷰티 등 전국 수만 개의 제휴점에서 현금처럼 사용할 수 있다. 약 40일 정도 매일 1만 보를 걸으면 스타벅스 아메리카노 한 잔 정도를 무료로 마실 수 있는 셈이다. 최근에는 친구에게 소문을 내고 친구가 회원가입 후 초대자의 추천코드를 입력하면 본인과 친구 모두 500캐시를 받는 이벤트(1개의 SNS 연동에 한해 최초 1회만 지급)도 하고 있다. 1명당 최대 4만 캐시까지 받고, 10명마다 2천 캐시를 추가로 받는 이벤트도 있다.

 ## 금융 건강 리워드 앱, 캐시닥

캐시닥은 캐시워크와 비슷한 금융·건강 앱으로 은행계좌, 카드, 보험조회, 대출, 병원 진료내역 등 여기저기 복잡하게 흩어져 있는 금융·건강 정보를 한번에 확인하면서 매일 리워드 받을 수 있다. 특히 20개 은행, 14개 카드사, 41개 보험사를 한번에 모아 자신의 소비내역과 신용정보를 편리하게 보며 관리할 수 있는 가계부 기능이 특색 있다. 또한 자신의 자산과 연결하면 2,500캐시, 친구 1명을 초대하면 500캐시, 친구 10명 가입할 때마다 추가로 5,000캐시를 받아 최대 100명까지 초대하면 10만 캐시까지 받을 수 있다. 또한 1일 소비 내역을 확인하면 100캐시를 지급하는데 적립된 캐시는 앱에서 편의점, 카페 등 전국 4만여 제휴사에서 쿠폰 구입시 현금처럼 사용이 가능하다.

수익형 콘텐츠앱, 캐시피드

캐시피드는 글만 써도, 보기만 해도 돈이 되는 수익형 콘텐츠 앱이다. 자신이 글을 써서 올리면 다른 이용자들이 자신의 글을 조회하여 조회수, 댓글수, 추천수 등 인기도 및 발생하는 광고수익을 반영하여 캐시가 적립이 되거나 자신이 다른 사람들의 글을 읽는 것만으로도 캐시가 발생하는 수익형 앱이다. 단 1시간 동안 총 7개의 글에 대해서 1캐시가 적립되는 식이다. 예를들어 4시간 동안 시간당 7개씩 글을 보면 28캐시가 적립되고, 한 달 30일 동안 840캐시가 적립된다. 사용자는 출석체크 미션과 매일 미션을 통해 글을 쓸 수 있는 연필을 하루 2개까지 지급 받아 글을 쓸 수

있다. 또한 삼성증권 유튜브 구독(최초 1회만 참여 가능. 이미 구독중이면 쿠키는 지급되지 않음)하면 캐시피드 100캐시를 지급하는 식이다. 단, 1년 이내 사용하지 않는 캐시는 자동 만료되므로 기한 내에 사용해야 한다.

일상 속 미니 알바, 캐시미션

캐시미션은 사진촬영, 박스 그리기 같은 이미지 라벨링, 음성녹음, 설문조사, 분류하기, 뉴스보기, 글쓰기, PC 미션 등 다양한 미션을 통해 언제 어디서나 자투리 시간을 가치 있게 사용하여 용돈을 벌 수 있는 앱이다. 무제한 출금과 소액부터 출금이 가능해서 편리하다. 만 14세 이상 회원가입 후 코드네임(영문과 숫자)을 적는데, 캐시미션 가입 이용자를 요원이라 부른다. 코드네임은 캐시미션 랭킹 및 이벤트 상황에서 다른 요원들에게 공개된다. 버스나 지하철을 기다리면서 심심할 때 캐시미션에 접속하기도 하는데 보통은 10~30분 정도, 주로 저녁 6시부터 9시까지 미션을 수행한다.

신개념 재택부업,
뷰업

　　뷰업(VIEW UP)이란 신개념 앱테크 플랫폼으로 간단한 미션(예를 들어 광고를 누르거나 팔로우/좋아요를 클릭)만 해도 포인트가 적립되어 현금화할 수 있는 단순하고 쉬운 손 부업이다. 인스타그램, 페이스북, 유튜브, 블로그 등 SNS계정이 있다면 모두 가능하고, 상대방에게 팔로우나 좋아요를 클릭시 포인트가 적립되며, 포인트는 현금으로 출금이 가능하다. 이용방법이 쉬워서 남녀노소 누구나 언제 어디서나 간단하게 수익을 낼 수 있다. 2021년 2월 현재 참여회원 수는 약 3만여 명이고, 1위 환급액은 313만원이다.

　　신청자는 먼저 로그인이 필요한데 로그인시 SNS계정등록(포인트 적립에 필요한 sns 계정 신청하기)을 한 뒤 승인이 되면 적립 시작이

가능하다. 이후 캠페인을 클릭하면 자동적립이 완료되고 적립금 환급을 신청하면 된다. 포인트 사용 내역도 확인이 가능해서 적립한 포인트 이력을 한번에 볼 수 있다. 적립금은 1만원 단위로 환급신청이 가능하다. 기타 궁금한 내용은 바로바로 문의해서 답변을 받을 수 있도록 편리한 상담시스템도 되어 있다. 단, 적립시 와이파이보다 데이터(4G, 5G, LTE)로 이용하는 것이 편리하며, 가급적 PC보다 모바일로 이용하는 것이 좋다.

동영상 광고 리워드 플랫폼, 애즈워드

애즈워드는 등록된 동영상을 보고 퀴즈만 풀면 동영상 길이에 따른 광고비를 주는 동영상 광고 리워드 플랫폼이다. 광고비는 매체로 누수되는 비용 없이 광고를 시청한 사용자들에게 100% 돌아가며, 15초, 30초, 1분, 2분의 동영상 길이에 따른 공정한 리워드가 집행된다. 리워드 적립방식은 먼저 이용자가 애즈워드 앱에 등록된 광고 중 하나를 선택한 뒤

약 15초 분량의 동영상을 본다. 동영상이 종료되면 객관식 퀴즈가 나오는데 정답을 맞추면 정상적으로 30p(30원)가 적립된다. 만약 퀴즈 2회 오답시 동영상을 재시청해야 하는데, 재시청 후에도 문제는 같아 퀴즈풀기는 어렵지 않다. 예를 들면 '후라이드 바삭킹에서 판매하는 치킨 메뉴가 아닌 것을 고르시오' 같은 사지선다형 객관식 퀴즈방식이다.

단, 광고시청은 5일당 최대 1회의 시청횟수를 초과할 수 없으며, 포인트를 적립 받은 뒤 다시 같은 광고를 클릭하려면 2일이 지나야 한다. 적립된 포인트는 월 1회 출금 신청할 수 있으며, 5천 포인트 이상부터 1천 포인트 단위로 전환이 가능하다. 또한, 5만 포인트 이상 전환시 세금 22%를 공제 후 입금된다. 애즈워드를 다른 사람에게 추천하면 500포인트를 지급하고, 광고주를 추천하면 추천한 사람에게 광고금액의 20%를 즉시 지급하는 이벤트도 있으니 참고하자.

리워드 마케팅 플랫폼,
노마드태스크

노마드태스크(Nomadtask)는 디지털 노마드를 위한 리워드 마케팅 플랫폼이자 글로벌 온디맨드 마케팅 허브다. 해당

사이트 유튜브 구독이나 다운로드, SNS 공유, 리뷰 컨텐츠 작성, 소셜 채널 부스팅, 앱스토어 리뷰, 설문조사 등 초보자도 가능한 다양한 퀘스트(미션)를 달성하면 보상이 주어진다. 보상은 최저 0.2달러부터 5달러, 10달러 등 책정된 금액을 미션 난이도에 따라 받는다. 또한, 신뢰도 점수에 따라 리워드 비율이 달라지는데, 노마드태스크 플랫폼에서 꾸준하게 시간을 두고 미션을 수행하다 보면 신뢰도가 높아지면서 보상금액도 올라간다.

보상받은 크레딧은 가상화폐로 전환 후 환전이 가능하며 최소 출금단위는 5달러 이상이다. 태스크 참여를 위해서는 회원가입 후 이메일 인증이 필요하고, 링크나 스크린샷 업로드 등 태스크 증거자료를 정해진 시간 안에 제출해야 한다. 퇴근 후 30분 투자로 월 80만원 정도의 소득을 올리는 것으로 알려져 있으나 개인별 차이는 있다. 소소한 부업으로 당장 엄청난 목돈을 벌 수 있는 것은 아니지만 '티끌 모아 태산'이라는 말을 기억하고, 자투리 시간을 투자해 무자본으로 수익을 창출해 보자.

인터넷만 있으면 가능한 짬테크,
온라인 설문조사 플랫폼

온라인 리서치 기업인 엠브레인이나 마케팅조사 전문회사인 컨슈머 인사이트, 인바이트 등이 의뢰하는 각종 설문조사를 통한 부업이다. 인터넷 또는 모바일로 참여할 수 있으며 1분 응답에 100원부터 15분에 1,400원 등 시간과 조사의 비중에 따라 적립금이 다양하게 쌓인다. 가끔 지정된 장소(역삼동 본사)에 직접 방문해 참여하는 좌담회 대상자로 선정되면 2시간에 10만~15만 원 정도 사례비로 지급받고, 다른 대상자를 추천하면 소개비로 5천원 혹은 1만원 등을 받을 수도 있어 쏠쏠한 수입이 될 수 있다.

특히, 엠브레인의 경우 패널로 가입하고 1주 내에 조사 참여가 가능하고, 누구나 기본 2,500원의 적립금을 받는다. 또한, 연말에는 상품권이나 경품, 조사 적립금을 지급받는다. 설문조사 참여시 해당자가 되지 않더라도 50원의 기본금을 지급해 주고 적립금 혹

은 기부금액으로 사용할 수 있다. 모아진 적립금은 현금이체, 온라인 문화상품권, 모바일 문화상품권, 기부 등 4가지 종류로 지급된다. 현금이체는 1만원 이상부터 가능하며, 3천원부터 온라인이나 모바일 문화상품권으로 받을 수 있다. 연말정산시 필요한 기부금 영수증도 신청 후 발행받을 수 있다. 네이버 블로거 미네 님의 경우 2020년 한 해 동안 엠브레인 패널 파워로 42개 정도 조사에 응해서 150만원에 가까운 부수입을 올렸다.

온라인 설문조사 역시 단기간에 큰 목돈을 벌 수는 없지만 출·퇴근 시간처럼 자투리시간을 투자해 꾸준하게 모으면 요긴하게 쓸 수 있는 용돈벌이가 될 수도 있다. 패널로 선정되면 설문조사 응답시 정해진 기간까지 모든 문항에 사실 그대로 성심껏 응답해 주어야 하며, 불성실 응답자나 패널 자격조건을 위반한 경우 자격 정지 및 해지가 되는 점도 주의해야 한다. 한편, 엠브레인과 인바이트 외에도 피앰아이, 레몬메일, 리서치앤유, 엔트러스트 서베이, 에스티 리서치, 한국리서치, 이프넷, 두잇서베이, 서베이탑, 리서치로, 애드미글로벌 등이 있다.

이벤트도 모아서,
이벤트 헌터

이벤트 헌터란 각종 이벤트를 헌팅하듯이 찾아다니며 응모를 하고 상품권이나 적립금을 받는 사람을 말한다. 라디오 방송 프로그램을 듣다 보면 재미있고 감동적인 사연에 응모해서 커피나 피자, 치킨 쿠폰이나 백화점 상품권 등 경품을 받는 사람을 볼 수 있다. 이들 중에는 이런 상품권을 모아서 되팔아 몇십만원의 부수입을 올리기도 한다. 기업이나 공공기관, 단체 등에서 자신들의 홍보를 위해 이벤트를 진행하는데, 관심있는 사람은 이패스나 뽐뿌, 슈퍼투데이 등 이벤트 응모 사이트 등을 참고해 보자. 출석체크부터 SNS 공유, 초대, 댓글 참여, 팔로우, 구독 앱 설치 등 응모방법이 간단해 누구나 참여할 수 있다.

5 소자본 창업, 쇼핑몰 사업 - 디지털세상 사장님이 되자

최근 직장인들과 자영업자들의 투잡, N잡 열풍이 불면서 스마트스토어와 같은 온라인 쇼핑과 모바일 쇼핑으로 수입을 올리는 사람이 늘어나고 있다. 스마트스토어란 미국의 아마존 같은 쇼핑 플랫폼에 입점하여 물건을 사고파는 온라인 쇼핑몰이다. 한국에서는 현재 네이버 스마트스토어와 쿠팡 마켓플레이스가 대표적이며, 모바일 쇼핑은 네이버, 카카오, 그립 등 라이브커머스 플랫폼과 인스타 라방 등의 형태로 진행되고 있다.

나만의 온라인 쇼핑몰, 네이버 스마트스토어

네이버 스마트스토어는 쇼핑몰과 네이버 블로그의 장점을 결합한 블로그형 원스톱 쇼핑몰 구축 솔루션이다. 네이버의 다양한 판매영역과 검색결과에 상품을 노출할 수 있어 이용자를 빠르게 만나고, 네이버 결제수수료를 제외한 추가 운영비가 없어 안정적이고 합리적이다. 온라인에서 상품을 팔고 싶지만 쇼핑몰이 없더라도, 네이버 아이디만 있으면 누구나 쉽게 스마트스토어를 시작할 수 있다. 스마트스토어 입점은 누구나 가능하며, 디자인에 익숙하지 않은 초보 판매자도 쉽게 만들 수 있다. 블로그, 카페, 밴드와 같은 네이버 서비스에 퍼가기 기능이 존재하고, 모바일 메신저와 SNS를 통해 공유도 가능하다. 판매자는 이를 통해 스마트스토어의 상품을 홍보하고, 바이럴 마케팅의 수단으로 활용할 수 있다.

네이버 쇼핑이 제공하는 쇼핑몰 솔루션 스마트스토어는 나만의 스토어 개설부터 내 상품 등록판매수수료까지 모든 비용이 무료인 무료판매 플랫폼이다. 단, 네이버 쇼핑 노출을 통해 자신의 상품이 판매되면 네이버 쇼핑 연

동 수수료가 2% 발생한다. 스마트스토어 결제수단인 '네이버 페이' 수수료까지 고려하면 총 3~5.85%의 수수료가 발생한다. 스마트스토어를 개설 후 네이버 쇼핑에 자신의 상품이 노출되게 하려면 가입시 네이버 쇼핑 ON하고(가입 후에도 설정 가능), 상품등록시 '네이버 쇼핑 체크'를 하면 된다. 오프라인 매장이 있는 사업자라면, 쇼핑 윈도에 입점하여 자신의 상품을 추가로 노출할 수 있다. 쇼핑 윈도 노출 신청을 위해서는 스마트스토어부터 가입해야 한다. 잘 모르는 초보자의 경우 네이버 쇼핑 교육센터를 통해 스토어 개설부터 운영까지 온오프라인 종합교육 정보를 얻을 수 있다.

아직 사업자등록을 하지 않았어도 개인판매자로 활동이 가능하며 가입 이후 사업자등록을 했다면 판매자 정보에서 사업자 전환 변경이 가능하다. 일반인은 필수서류가 없으며, 19세 미만 법

적 미성년자의 경우 법정대리인 동의서 사본 1부와 가족관계증명서(또는 법적대리인 증명서류) 1부, 법정대리인 인감증명서 사본 1부 등을 제출해야 한다. 사업자등록을 한 경우, 사업자등록번호 인증을 통해 사업자

판매자로 가입 가능하다. 사업자로 가입할 경우, 가입심사를 위한 필수서류를 제출해야 한다. 또한 사업자로 스마트스토어를 이용 하려면 통신판매업 신고가 필수다. 한편, 해외 거주 국가에 사업 자 등록을 한 경우에도 해외사업자로 활동이 가능하다. 2019년 3 월 21일부터 중국/홍콩 판매자의 신규가입은 당분간 잠정적으로 제한하고 있으나 기존 가입자는 현재와 동일하게 스마트스토어 에서 판매활동을 할 수 있다.

대구에서 개인사업을 하는 Y씨는 네이버에서만 3개의 스마트 스토어를 운영하고 있다. 하나는 본인 회사의 물품을 스마트스토 어에서 파는 것이고, 두 개는 동대문 상품들을 위탁 혹은 사입해 서 스마트스토어에서 판다. 개인사업을 하면서도 3개의 스마트스

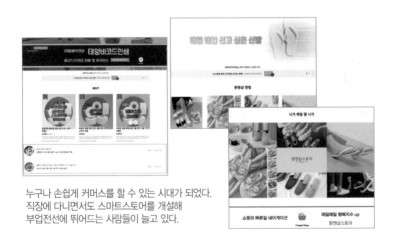

누구나 손쉽게 커머스를 할 수 있는 시대가 되었다.
직장에 다니면서도 스마트스토어를 개설해
부업전선에 뛰어드는 사람들이 늘고 있다.

토어 운영이 가능한 것은 무자본으로, 사업자등록증 없이, 누구나 마음만 먹으면 쉽게 시작할 수 있고, 또 스토어를 여는데 월세나 권리금이 들지 않는 공짜이기 때문이다.

"어느 정도의 자본금이 있다면 좋겠지만 무자본으로도 시작할 수 있어서 다른 쇼핑몰보다 시작이 쉬운 것 같아요. 브랜딩이 되어 있는 내 상품을 판매할 수도 있고, 내 상품이 없어도 고객의 니즈를 파악하여 위탁 또는 사입을 통해서 스마트스토어를 운영할 수도 있지요. 어떤 방법으로 시작을 하든 쇼핑몰의 시작은 네이버라고 감히 말할 수 있을 것 같아요. 스마트스토어 역시 꾸준함이 답입니다. 꾸준히 운영한다면 가장 안정적인 온라인 수익화입니다. 그렇게 때문에 가장 인기가 많고 개인들이 많이 뛰어드는 것이 아닌가 생각합니다."

사례

네이버 스마트스토어에서 군인옷 밀리터리룩, 군대건빵전투식량, 군입대 컨설팅 등을 파는 숨고운마트 대표 짬누나(@jjamnuna_army)는 특이하게도 여군 출신이다.

"군대에서 24년을 생활하며 규율에 얽매인 생활을 하다 보니 자유로운 생활이 너무 부러웠고 하고 싶었어요. 그래서 전역을 하면 이것저것 하고 싶은 거 다 해보리라 마음먹었지요. 군대에선 보안상의 문제로 인터넷을 업무 이외에는 사용을 못했어요. 마음껏 하지 못했던 것이다 보니 선망이 더 컸던 것일까요? 전역할 때쯤 코로나가 발생하면서 오프라인 상가들이 문을 닫는 모습을 보면서 온라인 세상이 열릴 거란 걸 직감적으로 느꼈어요. 남들은 전역 후 일반적인 일거리가 없나 알아봤지만 저는 온라인 세상에 마음껏 도전하고 싶었어요."

스마트스토어에서는 전투식량인 건빵을 팔지만, 네이버에서는 쇼핑라이브 쇼호스트로 농가에까지 직접 가서 라이브로 된장을 팔고 감자도 판다. 열심히 배운 블로그를 줌(ZOOM) 등을 통해 가르치는 블로그 강사이기도 하고, 인스타에서는 라이브방송로 군입대컨설팅을 진행하며 이를 재편집해 유튜브에 올리기도 한다. '군입대컨설팅'이라는 아주 생소한 일은 자신의 오랜 직장 경험을 살린 부업이지만 그 계기가 몹시 흥미롭다.

"아들이 군대에 갈 나이가 되어 병무청에서 입대 자료들을 찾아보는데 정보가 너무 어렵고 홍보가 안 돼 있다는 걸 알게 되었어요. 제가 군 출신이다 보니 더 당황스럽더라고요. 문득 군 생활을 돌이켜보니, 전문지식을 갖고 있는 청년들이 군 생활을 하는 동안 자신의 특기나 전공과는 전혀 상관없는 다른 일만 2년여 하다가 전역한다는 사실을 깨닫게 되었어요. 그래서 '군입대에도 컨설팅이 필요하구나, 그걸 인스타 라이브방송에서 방법을 찾아드리고, 유튜브에도 올리면 좋겠다'고 생각했습니다. 군대에서 보내는 청년기의 그 황금 같은 시간을 좀 더 유익하게 보내는데 제 개인의 경험을 보탤 수 있다는 것에 큰 보람을 느낍니다. 또, 군입대컨설팅을 받고 본인의 적성에 맞는 특기로 입대를 했다는 소식을 들을 때 가장 기쁘죠. 군입대 컨설팅에는 따로 비용을 받지 않지만, 감사하다면서 제가 운영하는 스마트스토어(숨고운마트)에서 물건을 사주시거나, 사례로 상품권, 커피쿠폰 등을 보내주시기도 합니다. 저로서는 유튜브나 라이브방송을 남들이 하지 않는 특이한 소재로 하니 또 너무 좋고요."

전역한 지 불과 1년 반 남짓한 기간 동안 온라인 세계 여기저기를 노크하고 도전한 결과, 현재 그가 벌어들이는 수입은 군인연금을 제외하고 월 100만

원 내외다. "1년 좀 넘는 기간을 정말 신나게 열심히 온라인 세계를 돌아다녔어요. 인스타에서 소통한 친구들을 현실에서 만난다는 것도 너무 신기했어요. 온라인에는 일거리가 오프라인보다 훨씬 다양하고 관계의 확장성이 엄청나게 큰 것 같아요. 하루는 홍천에 가서 쇼호스트가 되어 물건을 팔고, 또 다른 날은 서산에 가서 감자를 파는 식이죠. 어떤 일이든 꾸준히 하는 게 중요하듯이 비록 당장에는 빛이 나지 않지만, 초심을 잃지 않고 한 발 한 발 나갈 때 스마트스토어든 라이브커머스든 블로그에서든 얼마라도 돈을 벌 수 있다고 확신해요."

가장 목 좋은 온라인 상권, 쿠팡 마켓플레이스

쿠팡 마켓플레이스는 판매자가 직접 상품을 판매하고 배송하는 오픈마켓뿐 아니라 쿠팡의 통합 인프라를 통해 온라인 판매까지 지원하는 스마트스토어다. 쉽고 간편한 입점과 상품등록, 판매성장을 위한 다양한 프로그램과 인프라가 갖추어져 있다. 사업자 자동인증 시스템으로 구비서류 없이도 인증이 가능하고, 필요한 구비서류가 있더라도 온라인으로 바로 첨부하면 된다. 아직 사업자등록번호가 없다면 판매자 가입과 상품등록을 먼저 진행하고, 추후 사업자 인증을 통해 최종 입점승인을 받으면 된다. 처음 시작하는 초보사업자라면 컨설팅을 신청하면 입점 컨설턴트가 직접 연락하여 입점을 도와준다.

상품 상세페이지를 쉽게 만들 수 있는 새 '에디터 생성' 기능을 제공하며, 초보자라도 7가지 추천 탬플릿을 사용해 효과적이고 상세한 페이지를 제작할 수 있다. 대량상품 등록의 경우 엑셀파일을 사용해 상품을 대량으로 등록할 수 있으며, 등록할 상품의 상세정보를 기재해 한꺼번에 업로드가 가능하다. 판매자가 등록한 상품은 수천만 고객이 사용하는 쿠팡 앱과 웹에 노출된다. 고객을 알아서 찾아주는 쿠팡의 빅데이터와 알고리즘을 활용할 수 있으며, 모든 비용을 한 번에 담은 가성비 높은 수수료 패키지가 장점이다. 판매자의 사업 규모에 상관없이 고객 경험이 좋은 상품은 상위에 노출될 수 있어 신규 판매자도 쿠팡에서 성공의 기회를 잡을 수 있다. 실 사용자 수 1위 쇼핑앱인 쿠팡은 가장 목 좋은 온라인 상권이라고 할 수 있다.

쿠팡 마켓플레이스는 판매할 상품 단 하나만 있어도 입점할 수 있고, 자신의 상품을 얼마에, 얼마나 판매하고 어떻

게 배송할지 등 직접 관리할 수 있다. 고객수요 기반으로 유연하게 재고를 관리할 수 있으면서도 배송이나 고객관리 등 힘든 판매활동은 쿠팡이 대신한다. 로켓배송에 입점하면 쿠팡에 안정적으로 물건을 납품하고 상품의 판매전략부터 배송, 고객관리까지 쿠팡에 믿고 맡길 수 있다. 3년도 되지 않은 셀러가 쿠팡 마켓플레이스로 수십 억대 매출을 올리고, 전 직장 연봉의 10배를 번 쥬얼리 브랜드 CEO도 화제가 되었다. 만능슈퍼맨 1인 기업가, 인생2막을 꿈꾸는 시니어 CEO, 글로벌 기업 대표로 화려하게 부활한 경단녀 등 20대부터 60대까지 다양한 연령의 셀러들이 활동하고 있다.

사례

아버지가 수확한 꼬막을 온라인에서 판매해 쿠팡 마켓플레이스에서만 억대 매출을 찍은 L씨. 꼬막 양식업을 하는 아버지는 그가 사표를 쓰고 오니 그제서야 판매를 허락했다고 한다. 회사에서 온라인 쪽 일을 하던 그는 플랫폼에 물건을 올리고 촬영과 포토샵에도 무리가 없었다. 문제는 생각지도 않은 포장에서 생겼다. 갓 조업한 꼬막은 바닷물을 머금고 있어 물이 줄줄 샜던 것이다. 우여곡절 끝에 이중포장으로 문제를 해결한 그는 다른 쇼핑몰에서 보통 1kg씩 팔던 꼬막을 3kg, 5kg, 10kg로 다양하게 만들면서 입점 5개월 만에 쿠팡에서 2억 매출을 달성했다.

"식자재의 특성상 빠른 배송도 중요하지만 무조건 신선하게 가야 해요. 좋은 꼬막이 살아서 제대로 도착하면 고객들이 정말 A4 2장씩 리뷰를 남겨주더라구요."

본질에 충실한 그의 노력은 산지 상황에 따른 불안전성을 줄이기 위해 이제 사업다각화를 꾀하고 있다. 성실하게 자사몰에 블로그, 인스타그램까지 운영하는 그는 푸드공방을 발판으로 맛있는 음식을 온라인으로 판매하는 미래를 꿈꾸고 있다.

글로벌셀러의 기본,
아마존과 알리바바

글로벌셀러로 활동하려면 세계에서 가장 큰 양대 시장인 미국과 중국을 중심으로 한 전자상거래 플랫폼 아마존과 알리바바를 주목해야 한다. 1994년 제프 베이조스가 설립한 아마존의 셀러가 되면 전 세계 약 3억 명 이상의 활성화 고객과 1억5천만명 이상의 프라임 회원들에게 판매할 수 있다. 포장, 배송 및 고객 서비스(CS)까지 아마존에서 지원되며, Fulfillment by Amazon(FBA)을 이용하면 사업범위를 빠르게 확장하고 더욱 많은 고객을 확보할 수 있다. 몇 년 전 부터는 한국 셀러를 위한 한국어 서비스도 지원되어 영어를 잘 몰라도 충분히 가능하다. 원래 직업

군인이었던 송원호 씨는 어느 날 글로벌셀러라는 직업에 대해 알게 되었고, 제조사로부터 다양한 완제품을 소싱하여 판매하는 '리셀러' 글로벌셀링을 시작하면서 미국, 일본 시장을 누비는 연 매출 9천만원의 글로벌셀러가 되었다.

1999년 마윈이 설립한 알리바바는 중국 전자상거래 점유율 80%에 달하는 최대 전자상거래업체로 240여 개 나라와 지역에서 5천만명 이상의 회원을 보유하고 있으며, 매일 1억 명이 물건을 구매하는 곳이다. 2015년 11월 11일, '중국판 블랙프라이데이' 광군절 세일에서 912억위안, 한화로 약 16조5천억원이라는 매출이 단 하루 만에 이루어진 일화는 유명하다.

글로벌셀러에 대해 모르는 셀린이라면 유튜브에서 아마존 글로벌셀러 교육(아마존 셀러 계정 생성)을 검색해 영상을 시청한 후 안내영상을 따라 아마

존 셀러 계정을 등록하고 아마존 글로벌셀링을 시작하면 된다. 이마저도 어렵다면 '아마존 셀링 국비지원교육'이나 MKYU, 클래스101, 크몽, 탈잉 같은 교육 플래폼에서 '아마존 셀러 되기' 강의 등을 수강하면 된다.

위탁판매와
구매대행

코로나19의 영향으로 비대면 온라인 거래가 대세가 되면서 온라인 판매 플랫폼을 통한 위탁판매와 해외 구매대행에 뛰어드는 사람들이 많아지고 있다. 직장인 K씨는 출퇴근길 전철 안에서 자투리 시간과 주말을 이용하여 매월 100만원의 부가수익을 올리는가 하면, 대학생 C씨는 휴학 후 배낭여행을 다니며 온라인 상품 판매로 여행경비의 4배 수익을 올렸다. 노트북과 스마트폰, 인터넷만 있으면 언제, 어디서든지 자유롭게 일할 수 있으며, 적게는 몇십만원에서 몇백만원까지 제2의 월급을 받을 수 있기 때문에 경제적, 시간적 자유를 꿈꾸는 월급쟁이 직장인들의 로망이 되고 있다.

위탁판매란 쉽게 말해 상품을 다른 사람에게 맡겨(위탁) 판매하는 것을 말한다. 예를 들어, 김씨라는 상품의 제조자 혹은 소유자

(회사, 대표)가 이씨라는 판매자(도소매업자)에게 화장품을 일정한 기간 맡기고 대신 판매하게 하여 판매된 매출금액 중 일정 부분의 수수료를 이씨에게 지급하는 거래방식이다. 만약 당신이 위탁판매자라면 고객의 주문을 당신이 입점한 쇼핑몰에서 받고, 제품 포장과 발송은 위탁판매업체에서 진행한다. 보통 새로운 사업을 시작할 때는 매장임대와 상품매입, 재고와 물류 보관 등의 부담이 만만치 않다. 그러나 위탁판매의 경우 이런 부담에서 자유롭기 때문에 무자본 혹은 소자본 창업을 선호하는 초보 셀러들에게 적합하다.

다만, 직접 상품을 구입하여 판매하는 사업보다 수익이 적고, 재고 부족과 CS 관리 등의 어려움이 있다는 단점은 있다. 또한, 진입장벽이 낮아 누구나 쉽게 시작할 수 있는 만큼 경쟁도 치열한 레드오션이라는 점도 염두에 두고 묻지마 창업 같은 지나친 맹신은 경계하는 것이 좋다. 처음 사업을 시작하는 초보 판매자는 리스크는 최소화하고, 경험치를 쌓는 것이 무엇보다 중요하다. 전문

가들은 처음에는 위탁판매를 통해 사업감각과 실력을 좀 더 쌓은 후 사업과 개인 브랜딩으로 나아가는 것이 바람직하다고 말한다.

대신 사드려요~
해외 구매대행

해외 구매대행도 주목받는 부업 아이템 중 하나다. 해외 구매대행은 구매자를 대신해서 국내에서 판매되지 않는 해외 브랜드 상품을 대신 사주는 것으로, 좁은 국내시장을 넘어 보다 큰 수익과 확장성을 원하는 사람에게 적합하다. 영어를 잘하지 못해도 시장의 트렌드를 재빨리 읽어내는 감각과 인터넷과 스마트폰으로 검색할 줄만 알면 누구나 할 수 있다. 아마존과 알리바바, 타오바오, 라쿠텐 같은 해외 쇼핑몰에서 상품을 저가에 구매해 국내에 재판매하거나, 국내 상품을 해외에 판매하는 방식이다. 관심이 있다면 이베이 해외판매사이트(https://ebaycbt.co.kr)에 해외판매 설명회나 해외셀러 양성교육 과정 등이 있는데, 최근에는 코로나19 여파로 온라인 유튜브 라이브 교육이 진행되고 있으니 참고하자. 또한 탈잉 같은 재능사이트에서 '부업으로 월급 이상 버는 아마존 셀링 시작하기' 같은 글로벌 셀러 강의도 도움이 될 것이다.

중고의 혁명,
리셀(Re-sell)

리셀이란 희소가치를 지닌 한정판, 명품, 중고품 등을 싸게 사서 비싸게 재판매하는 거래를 말한다. 인플루언서들의 굿즈(기념품)부터, 운동화(스니커즈) 및 의류, 레고와 장난감, 명품, 팬사인회 입장권 등 다양한 품목을 개인거래나 중고거래 사이트인 중고나라, 당근마켓, 플리마켓(벼룩시장, 어미새 등), 리셀 사이트(솔드아웃, 크림 등)에서 거래한다. 나이키가 지난해 선보인 17만원대 한정판 운동화가 리셀 사이트에서는 300만원 대에 거래되고 있으며, 1천만원을 훌쩍 넘기는 리셀품도 거래되고 있다.

리셀의 인기는 자신의 감성과 취향에 맞으면 신상명품이나 다른 사람이 사용하던 것도 과감히 구매하는 MZ세대(18~34세)의 구매 성향과 연관되어 있다. 10대와 20대 MZ세대는 신명품을 원하지만 구매금액에 부담을 느끼는 경우가 많아 리셀 쪽으로 눈을 돌리는 경우가 많다. 이와

같은 MZ세대의 취향과 트렌드를 반영해 기업들도 리셀시장에 앞다투어 뛰어들고 있다.

홈쇼핑은 가라!
라이브 쇼핑

코로나로 인해 언택트와 비대면 중심으로 소비의 패러다임이 바뀌면서 실시간으로 제품과 상품을 홍보하고 판매하는 라이브커머스가 대세가 되고 있다. 라이브(Live) 쇼핑은 판매자가 실시간으로 소비자와 소통하면서 진행하는 홍보판매 방식이다. 방송사 입장에서 소비자에게 일방적으로 홍보하고 판매하는 홈쇼핑과 달리 소비자와 쌍방향으로 소통하고 공감하면서 친근하게 진행된다. 이런 흐름과 맞물려 네쇼라(네이버 쇼핑 라이브), 카쇼라(카카오 쇼핑 라이브), 쿠쇼라(쿠팡 쇼핑 라이브), 그립 등의 라이브 쇼핑 플랫폼들이 주도권을 장악하기 위해 치열하게 경쟁하고 있다. 라이브 쇼핑 플랫폼들은 함께 할 사업자들을 확보하고자 입점과 홍보 판매, 정산시스템을 강화하며 진입장벽은 낮추고 판매자의 편의성을 높이고 있다. 덕분에 이제는 굳이 유명한 연예인이 아닌 평범한 시골의 농부와 어부도 산지에서 라이브 쇼핑을 하면서 상품을 홍보하고 매출을 극대화하고 있다.

　라이브 쇼핑 중에는 네이버 쇼핑 라이브(네쇼라)와 카카오 쇼핑 라이브(카쇼라)가 대세다. 혹시 라이브 쇼핑에 대해 1도 모르는 초보자라도 걱정할 것 없다. 해당 플랫폼에 문의하면 담당자들이 안내해 주기도 하고, 라이브 쇼핑을 가르쳐주는 강의나 유튜브 동영상도 있다. 혹은 라이브 쇼핑 사전준비부터 방송진행, 사후 마케팅까지 원스톱으로 다 할 수 있도록 도와주는 전문대행사들도 있다. 이런 곳에서는 제품의 강점을 살려서 콘티 작성부터 공동구매, 스타마케팅, 바이럴마케팅 등을 통해 소비자를 모아주고 매출 향상이 되도록 도와준다. 합리적인 예산에 맞춰서 이용이 가능하며, 다양한 분야의 인플루언서와 연예인, 쇼호스트와 연결해 주는 에이전트 역할도 수행해 최단시간에 많은 소비자를 유입시킬 수도 있다.

네이버 쇼핑라이브와 그립에서 라이브로 건어물을 팔고 있는 A씨(@jagalchi_dry_seafood)는 코로나로 최악의 경기부진을 맞자 인스타 공구, 라이브커머스로 놀라운 반전을 이뤄낸 경우다. A씨 건어물 가게는 부모님 대부터 자갈치시장에서만 약 50년 동안 건어물만 팔아왔는데, 코로나로 최악의 상황을 맞은 것이다.

"처음 코로나로 인해 가게 매출이 거의 바닥을 쳤을 때 하루 매출이 2만원 정도 였어요. 2020년 7월경에 처음 인스타를 시작하면서 온라인 쇼핑몰을 본격적으로 운영해 봐야겠다는 생각을 하게 되었어요. 손님이 전혀 없는 상황에서 더 이상 선택의 여지가 없었어요. 확실하게 공부해서 온라인쇼핑몰을 만들어야겠다고 생각했고 지금은 본격적으로 운영한지 약 8개월 정도 되었어요. 네이버가 주력 쇼핑몰이고, 그립은 거의 라이브방송으로만 진행되는 쇼핑몰이라고 보시면 되요. 하루 매출이 2만원도 안 나가던 최악의 매출액에서 지금은 그때에 비하면 엄청난 매출 향상을 했습니다."

라이브 1시간 동안 판 매출액은 100만원이 넘기도 한다. 맥주캔 1개 따 놓고(술안주니까!), 혼자서 카메라를 보고 이런 이야기 저런 이야기 사는 이야기를 곁들이며 북어채, 오징어채, 김 등 안주거리를 파는데 부산사투리를 가감없이 내보내는 것이 A씨라이브의 매력이다.

"힘든 점은 라이브로 방송을 1시간씩 쉴새없이 진행하다 보니 체력적 소모가 많고, 처음에는 아는 인친들이 격려차 팔아주었는데, 방송을 꾸준히 하다보니까 모르는 손님이 하나씩 늘면서 찐단골이 생기기 시작하니까 매출이 오르기 시작했어요. 단골이 많이 생기면서 입소문이 나고 리뷰도 많아지고 맛있다고 해줄 때 정말 좋죠. 시장에 앉아서 손님을 기다리던 때와는 딴판으로 전국 곳곳에서 손님들이 물건을 사준다는 게 더 신기한 일이죠. 너무 성급하게 생각하지 말고 꾸준히만 한다면 N잡러가 될 수 있다고 생각해요. 처음 쇼핑몰을 만들어 놓는다고 해서 매출이 상향곡선을 그리기는 쉽지 않아요. 하지만 꾸준히 공부하고 생각하고 노력한다면 누구나 디지털 부업, N잡러가 될수 있습니다. 저같이 집에서 살림만 하던 40대 아줌마도 8개월 동안 온라인 세상을 공부하다 보니 스마트스토어도 혼자서 만들고 라이브까지 하게 되었어요. 인스타도 0에서 시작해 6000 팔로워를 넘었고요. 꾸준히, 열심히 공부하고 노력하면 누구나 저처럼 하실 수 있어요.”

라이브커머스 플랫폼,
그립(Grip)

코로나로 인한 비대면 소비가 확산되면서 실시간으로 상품을 소개하고 판매하는 라이브커머스(Live Commerce) 시장이 급성장하고 있다. 모바일 홈쇼핑 형태의 라이브방송(라방)인 라이브커머스는 인스타그램, 틱톡 등 영상기반 소셜미디어가 대세가 되면서 소비자와 소통하고 24시간 언제 어디서나 누구나 스마트폰 하나만 있으면 실시간으로 판매할 수 있다는 장점이 있다. 현대, 신세계, 롯데 등 국내 유통 대기업은 물론 네이버와 카카오 등 대형 온라인 플랫폼 기업들까지 라이브커머스에 가세하면서 3조원 대였던 시장규모가 2023년까지 10조원 대로 판이 커질 거라는 전망도 나왔다.

그립은 2019년 국내 최초로 라이브커머스 서비스를 시작했다. 김한나 대표는 '친구와 영상 통화하듯이 물건을 거래하면 더 잘 팔 수 있을 것'이라는 생각으로 49명의 판매자들을 모아 플랫폼을 시작했다. 연예인 유상무를 섭외한 '랜덤박스 판매 방송'이 대박을 터트리기 시작하면서 이용자들에게 재미 있는 플랫폼으로 알려졌다. 현재 그립에 등록된 판매자(셀러)는 1 만 600여 개사, 누적 거래액은 240억원(2020년 12월 기준) 정도이다. 그립의 셀러로 등록하면 자신의 사이트에서 바로 라이브 영상을 송출하여, 고객이 바로 상품을 결제하고 라이브를 시청할 수 있 다. 셀러가 아닌 사람이 판매방송을 진행하고 싶으면 그리퍼 지원 을, 셀러가 직접 판매 및 판매 방송을 진행을 원하면 입점신청을 하면 된다.

동남아 쇼핑 플랫폼, 쇼라큐

네이버와 쿠팡 스마트스토어 외에 동남아 시장을 주 무대로 하는 플랫폼으로 쇼라큐(쇼피, 라자다, 큐텐)도 최근 떠오 르는 e-커머스 시장이다.

@ 동남아 최대 e-커머스 플랫폼, 쇼피(Shopee)

쇼피(Shopee)는 싱가포르, 베트남, 인도네시아, 말레이시아, 태 국, 필리핀 등 동남아 6개국 및 대만을 아우르는 최대 e-커머스 플 랫폼이다. 대한민국 국민의 12배나 많은 6억명의 동남아시아 시장 고객들을 상대로 상품을 팔고 10배 이상의 수익을 얻을 수 있는 가능성과 기회가 있는 곳이다. 쇼피는 주로 모바일 기반 전자상거래이며, 2억 회 이상의 앱이 다운로드 되었고, 2019년 GMV 기준 176억달러(약 20조원), 400만명 이상의 판매자와 파트너십이 되어 있는 엄청난 시장이다.

쇼피 코리아 홈페이지에서 셀러를 신청하고 간단한 상담을 통해 입점 컨설팅 서비스를 받을 수 있다. 쇼피 코리아에서는 셀러에게 현지 CS 지원으로 언어장벽의 문제를 해결해주고 마케팅과 데이터를 이용한 상품분석을 통해 매출증대 및 API 연동으로 효율적인 업무처리를 하고 있다. 참고로 코로나가 시작된 2020년 동남아시장을 사로잡은 4대 K-키워드는 '뷰티', 'K팝', '푸드', '리빙'이었다. 한류 인기가 뜨거운 동남아에서 K팝 앨범 및 굿즈 판매로 성공을 거둔 셀러도 있으며, 한국의 대표 티브랜드 '오설록'은 동남아 진출 7개월 만에 110배 매출성장을 기록했다. 헤어제품 브랜

드인 '쿤달'은 동남아시아 마켓에서 전월대비 200% 성장 지속중이다.

@ 동남아 매출 No.1 마켓플레이스, 라자다(Lazada)

동남아시아에서 가장 인기있는 전자상거래 플랫폼으로 싱가포르, 말레이시아, 필리핀, 인도네시아, 태국 그리고 베트남 등 동남아 6개국의 e-커머스 시장을 선도하고 있다. 동남아시아에서 가장 큰 물류 네트워크와 결제서비스를 통해 현재 연간 8,000만 명 이상의 소비자가 라자다에서 필요한 물건을 구매하고 있으며, 지난 3년간 전체 플랫폼의 주문량이 2배 성장할 만큼 성장속도가 빠른 플랫폼으로 자리잡았다. 라자다는 한국 브랜드사 및 많은 업체들의 성공적인 동남아시장 진출을 지원하고 있다. 빠른 입점 프로세스를 통해 7 영업일 이내 입점 및 판매 개시가 가능하며, 성공적인 정착을 위해 전문 컨설팅 서비스를 다양한 채널을 통해 제공하고 있다.

스토어 계정 신청자격은 한국에서 등록한 사업자로 사업자등록증이 있고, 판매하고자 하는 상품이 한국과 판매 국가의 수출입 요건을 만족하며, 라자다에서 연동 가능한 결제/송금 대행업체 (Payoneer, World First) 계정만 있으면 된다. 더욱 빠른 판매개시를 하려면 마켓플레이스 관리 및 운영 전담자가 있거나, 자체 브랜드를 소유하거나 브랜드의 수권서를 가지고 있거나, 상품을 안정적으로 공급받을 유통사 혹은 업체가 있으면 된다.

@ 글로벌 쇼핑 플랫폼, 큐텐(Qoo10)

2010년 국내 최초 온라인 오픈마켓인 'G마켓'을 창업한 구영배 대표와 이베이가 합작한 글로벌 쇼핑 플랫폼이다. 중국의 알리바바와 일본의 라쿠텐에 이어 아시아 3대 온라인 쇼핑몰을 목표로 하고 있는 큐텐은 편리한 해외직구 서비스를 강화하며 싱가포르에서는 1위, 일본에서는 4위의 쇼핑사이트로 자리매김하고 있다. 일본, 싱가포르, 인도네시아, 말레이시아, 중국, 홍콩 등에서 각 나라 언어로 사이트를 운영하고 있다. 싱가포르와 일본에서는 셀러(판매자)만 8만명을 돌파했고, 동아시아지역 이용자도 2천만명을 기록했다. 큐텐은 누구나 판매자로 등록할 수 있는 오픈마켓으로, 초보자도 이용이 편리한 글로벌 결제와 배송시스템을 구축하고 있다. 또한 한국어 지원뿐만 아니라 한국 카드사에서 발급한

카드결제 및 간편결제 서비스인 페이코 사용도 가능하다.

　한국 판매자가 올린 상품을 일본이나 중국 소비자가 신용카드로 결제하면 물건을 손쉽게 살 수 있도록 모든 구매과정도 원스톱으로 진행된다. 중국 샤오미의 스마트폰 '미맥스'가 큐텐에서만 1만 대 가까이 국내로 수입되면서 국내에서 중국산 스마트폰을 편리하게 살 수 있는 앱으로 입소문을 타기도 했다. 큐텐은 한국 글로벌 셀러들이 공동으로 물건을 판매하는 온라인 슈퍼마켓인 큐퍼마켓도 운영하고 있으며, 최근에는 해외직구 구매시 배송이 느린 단점을 보완하기 위해 해외직구 주문 후 2~3일 이내에 받을 수 있는 '직구지만 빠른 배송 상품' 서비스도 선보이고 있다.

6 부업 아닌 부업
- 자산 지키기부터 부동산까지

　　부업인 듯 부업 아닌 부업 같은 다양한 재테크 방법이 있다. 단 몇 푼의 소소한 금액을 모아가거나 소액이라고 무시하는 금액이 빠져나가는 것만 지켜도 부업 이상으로 돈을 버는 재테크라고 생각한다. 주식도 몇 가지 원칙을 지키고 잘만 활용하면 생각지 않은 효자 부업이 될 수도 있고, 부동산 임대나 무인유통 사업도 본업을 가지면서 부수익을 올릴 수 있는 부업이 될 수 있다.

디지털 보험설계사, LIFE MD

LIFE MD는 한화생명과 한화손해보험에서 프리랜서 형태로 활동하는 보험설계사로, 스마트폰 앱으로 모집과 교육, 활동이 이루어지는 언택트 디지털 보험설계사다. 코로나19로 비대면 서비스가 대세가 되고 있기에 스마트폰 앱만으로도 모든 서비스가 가능한 LIFE MD는 시간이 갈수록 더욱 주목을 받을 것이다. LIFE MD 자격증은 한 번 취득하면 평생 유지도 가능하며, 언제 어디서든 자신의 스케줄에 따라 직접 선택해 일할 수 있기 때문에 N잡에 대한 관심이 많은 사람들에게 좋은 대안이 될 수 있다. 또한 자신과 가족, 친구, 지인들의 상황에 맞게 직접 가성비 좋은 최적의 설계도 해주면서 수입도 올릴 수 있다.

LIFE MD의 수익은 개인별 능력과 성과에 따라 분급형 혹은 선지급형 2가지 형태로 선택해서 받는다. 분급형(나눠받기)의 경우 총 지급률 516%로, 매월 43%씩 1년간 받게 되며, 선지급형에 비해 총 지급률이 26% 우대된다. 선지급형(먼저 받기)은 총 490%를 받게 되는데, 첫 달 270%를 지급하고 이후 남은 11개월 동안 20%씩 매월 지급받는다. 첫 달 지급 금액을 많이 받고 싶다면 선지급형을 선택하면 된다. LIFE MD가 되어 암보험 5만원만 가입해도 총

49만원의 수입이 발생한다. 자신이 직접 설계한 셀프 보험설계로 몇 달 치의 보험료를 절감할 수 있다. 수수료 지급 및 환수규정, 지급규정은 계약을 체결할 경우, 해당 계약에 대한 환산성적을 부여받고, 이에 비례하여 일정액의 신계약 수수료를 지급받게 된다.

LIFE MD는 지원부터 등록까지 개인 역량에 따라 2주 안에 이루어진다. 먼저, LIFE MD 앱을 다운로드 받아, 온라인으로 본인 인증 후에 지원한다. 단, 지원 시 결격사항인 신용불량, 금융사고 이력 확인 등을 필수로 체크해야 한다. 자격시험을 볼 수 있는 교육 콘텐츠(강의자료 및 모의 테스트, AI튜터 교육 등)가 제공되며, 자격시험 응시료도 지원해 준다. 신청한 자격시험장에서 시험을 보게 되며, 60점 이상만 받으면 합격이다. 자격시험 합격 후 보험연수원 의무교육 30시간을 이수하고, 강의비용은 무상 지원해 준다. LIFE MD 등록에 필요한 서류를 준비해 등록을 완료 후 활동 앱을 받아 활동하면 된다. LIFE MD로 최종 위촉을 받게 되면 최대

생명보험, 손해보험, 암보험, 자동차보험, 치과보험 등 자신과 가족이 가입한 보험은 의외로 많이 있다. 시간이 지나면서 자신과 가족이 어느 보험사의 어떤 상품에 가입해 있고, 지출 보험료와 어떤 보장을 얼마나 받는지 제대로 확인하기가 쉽지 않다. 문제는 중복가입으로 지출하지 않아도 될 비용이 자신도 모르게 통장에서 빠져나가거나 혹은 정작 필요할 때 충분한 보장을 받을 수 있는 설계가 제대로 되어 있지 않을 때가 있다. 이럴 때 보험앱들을 활용하면 여기저기 흩어져 있는 수많은 보험사의 다양한 보험을 한눈에 비교해서 쉽게 확인하여 숨은 보험금을 찾거나 보험금을 간편하고 쉽게 청구하고, 적절한 보험까지 추천받아 시간 및 비용 절약은 물론 건강관리까지 챙길 수 있다. 이런 보험 앱에는 보맵과 보닥, 보플, 시그널플래너, 메디패스, 메디메디, 실손보험 바로 청구, 실손보험 빠른 청구, 보험다모아, 인스밸리, 실비야, 라이프리, 바로봄, 누잘, 레몬클립, 레몬브릿지, 모옴, 보험클리닉 등이 있다.

보맵과 보닥은 보험을 자신과 가족에게 맞는 최적의 보장 피팅을 해준다. 사진만 찍어서 보험금 청구도 가능하고, 필요한 만큼만 온택트로 가입해도 된다. 자신의 건강이 괜찮은지 건강검진 기록도 볼 수 있다.

보험다모아는 금융위원회 및 생·손보협회가 운영하는 온라인 보험슈퍼마켓이다. 택스넷은 국민연금, 건강보험, 고용보험, 산재보험 등 4대 사회보험을 자동으로 계산해 준다. 인스밸리(내보험찾기)나 인슈넷은 여기저기 흩어진 자신의 보험가입 내역(건수와 월 보험료 등) 조회 및 보험진단 비교 서비스를 해준다.

50만원의 웰컴 축하금도 받는다.

부업으로 접근하는
주식투자

'동학개미'와 '서학개미'라는 신조어가 생겨날 정도로 주식 투자에 뛰어든 주린이들이 최근 들어 급증했다. 주식으로 큰돈을 벌겠다는 생각보다 용돈을 벌거나 반찬값이라도 벌어보자는 마음으로 매일 단타로 2~3% 정도의 수익을 내며 부업을 하는 느낌으로 하는 투자자들이 많다. 이들은 주식투자를 일종의 투기 혹은 복권처럼 일확천금을 노리는 불로소득으로 생각하지 않는다. 자기 나름대로 소중한 시간과 자본을 투자해 공부하고, 노력하기 때문에 정당한 투자라고 생각한다.

그러나 주식투자는 사실 양날의 검이다. 잘하면 은행 적금과 비교도 되지 않는 엄청난 고수익을 얻지만, 잘못하면 한순간에 20~30% 이상의 큰 손해를 보고 손절을 하는 순간도 찾아온다. 이런 손실이 쌓이면 과도한 대출로 '빚투'와 '영끌'을 했던 투자자는 막대한 손실로 인한 충격에 멘붕이 오고, 삶의 기반이 흔들릴 수 있기 때문에 주의가 필요하다.

이제 막 주식에 뛰어들거나 주식을 시작하려는 초보 주식투자자라면 투자금을 모두 잃어도 내상을 입지 않고 흔들리지 않을 정도의 최소금액으로 시작하는 것이 좋다. 주식에 관련된 책을 읽거나 유튜브 동영상 혹은 주식방송 등을 보면서 주식에 대해서 기본 지식을 먼저 갖춘 다음 최소금액으로 성공과 실패의 경험치를 충분히 쌓아가면서 자신감과 실력을 키워가는 것이 좋다. 또한 '주식은 타이밍'이라는 말이 있듯이 목표한 금액대가 올 때까지 기다릴 줄 아는 인내심도 필요하고, 매수한 주식이 예상보다 많이 떨어져도 흔들리지 않고 평정심을 유지할 수 있는 멘탈관리도 필수적이다. 연기금의 국내 주식비중 축소와 공매도 재개 등의 영향으로 주식시장에 매력을 느끼지 못한 투자자들이 고수익을 노리고 비트코인 같은 가상화폐 시장으로 대거 옮겨가기도 했지만, 가상화폐는 변동성이 크고 리스크가 많기 때문에 투자에 각별한 주의가 필요하다는 전문가들의 우려와 지적이 많다.

 ## 세계 최초 저작권거래 플랫폼, 뮤직카우

K팝을 즐기면서 동시에 재테크까지 할 수 있는 곳이 있다. 2016년 4월 설립된 뮤직카우는 주식처럼 음악저작권을 거래하는 세계 최초 저작권공유 플랫폼으로, 누적회원수는 30만 5,700명이다.(2021년 3월 기준) 창작자인 아티스트와 팬, 투자자 모두에게 윈윈이 되는 뮤직카우는 아티스트에게 저작권 일부를 구입한 뒤 팬들이 지분을 쪼개서 거래할 수 있도록 했다. 이를 통해 아티스트는 창작에 필요한 자금을 지원받을 수 있고, 투자자와 팬들은 음악을 즐기면서 안정적인 수익을 낼 수 있다. 뮤직카우는 현재 120여 명의 아티스트로부터 1만여 곡을 확보하고 있으며, 투자자들은 경매방식으로 자신이 원하는 음악 저작권을 부분적으

로 낙찰 받을 수 있다. 저작
권 보유자는 매도하기 전까
지 연평균 8.7%의 수익을 매
월 받게 된다. 뿐만 아니라
낙찰 후 저작권을 매도하면
시세차익도 추가로 받을 수
있다. 최근 브레이브걸스의
'롤린'이란 곡이 역주행으로
각종 음원사이트에서 1위를
달리면서 2만원으로 시작한
곡이 77만원까지 폭등하면
서 대박친 사례로 화제가 되
기도 했다.

참고로, 저작권료는 원작자 사후 70년간 보호되며, 저작권법에
따라 보호되는 안정자산이며, 인접권은 발매일 다음 해 1월 1일부
터 70년간 보호된다. 매일 듣던 음악이 매월 평생 수익으로 돌아
오고, 하루만 보유해도 저작권료가 정산되는 뮤직카우에도 관심
을 가져보자.

무인 스터디카페와
무인 매장

무인 스터디카페와 무인매장은 키오스크와 사물인터넷(IOT) 기술이 접목된 무인시스템을 통해 점주가 없이도 운영할 수 있는 스마트한 스터디카페이며 무인상점이다. 매장 출입부터 좌석, 사물함, 냉난방기, 공기청정기, 조명, 자동판매기, 콜드체인 제어 등을 외부에서 스마트폰이나 PC 프로그램을 통해 간단하게 관리가 가능하다. 무인시스템을 통해 운영하기 때문에 인건비가 절약되어 수익 극대화로도 연결되기 때문에 본업을 가진 직장인이나 소상공인 자영업자도 부업이 가능한 아이템으로 꾸준한 관심을 받고 있다. 경기도 분당에서 무인스터티 카페를 운영하고 있는 직장인 A씨의 경우 오전 9시부터 오후 10시까지 영업하며 직장인 평균 월급의 2~3배의 수익을 내는 것으로 알려졌다.

무인스터디 카페와 무인매장 창업을 처음 시작하려면 막막하고, 창업비용이 만만치 않기 때문에 부담이 될 수밖에 없다. 이런 경우 1년에 몇 차례 개최되는 프랜차이즈 창업박람회나 카페쇼와 같은 박람회를 참석해 프랜차이즈 업체들을 비교 분석해 보면서 자신에게 맞는 합리적인 프랜차이즈 업체를 선택하는 것이 좋다. 프랜차이즈 가맹점들은 창업 상담, 상권분석, 가맹계약, 점포계약,

공사진행, 시설점검, 인테리어, 오픈준비 및 점주교육까지 모든 과정을 본사가 지원하고, 오픈 이후에도 지속적인 관리를 통해 홍보 마케팅 지원이나 매출 관리에 힘쓰는 곳들이 많다.

부린이도 가능한
공간임대업

프로N잡러 김민수 씨는 공간임대업을 하면서 '탈잉'에서 공간 임대사업(파티룸) 강사를 겸하고 있다. 공간임대업에는 음악실, 녹음실, 댄스 연습실, 독서실 등이 있는데 김민수 씨의 경우는 강북구 미아동에 위치한 '파티룸 스테이 포레'와 '공유주방 스테이더 쿡' 2곳을 운영하고 있다. '파티룸'이란 젊은층들이 그들만의 자유로운 공간에서 즐길 수 있도록 한 장소이며, '공유주방'은 좋아하는 지인들과 함께 요리를 하고 음식을 나누면서 소통하는 오픈주방 공간이다. 주말에는 거의 100% 예약이 차고, 평균 예약률은 40~60% 정도이다. 공간 임대요금은 평일은 5~7만원, 주말은 6~9만원을 받으며 순수익은 월 250만원 정도이고, 연말 최대 매출은 400만원 정도 된다. 파티룸의 장점은 원자재값이 거의 들지 않기 때문에 초기 투자비용은 보증금 500만원을 포함 인테리어 비용까지 총 1,700만원 정도였고, 월세 35만원을 내는 것 외에는 시간투자만 하면 된다.

직장인이나 자영업자의 경우 출퇴근시 들러서 약 20~30분 정도 청소만 해주면 된다. 운영자가 청소에 대한 부담이 있다면 고객에게 커피 이벤트 등을 제안해 사용자가 직접 청소를 하도록 유도할 수도 있다. 파티룸이나 공유주방의 경우 젊은층들이 많이 모일 수 있는 로케이션이 중요하기 때문에 대학가나 전철 역세권이 유리하며, 지역주민들과의 마찰을 줄이려면 소음을 최소화 할 수 있는 지하공간도 고려해볼 만하다. 부동산 임대업을 처음 시작하려는 부린이들이 있다면 소자본으로 시작할 수 있는 '파티룸'이나 '공유주방'을 추천한다.

에어비앤비는 여행객을 위해 자신의 집을 일정기간 숙소로 임대해 주면서 수익을 얻는다. 에어비앤비 호스트가 되기 위한 자격조건은 게스트와 공유할 수 있는 숙소공간(집 전체, 여분의 방, 아니면 편안한 소파 침대)이 있어야 한다. 게스트가 1명일 경우 월 최대 39만원, 15명일 경우 219만원 정도의 수익을 평균적으로 얻을 수 있다. 에어비앤비에서 호스트로 등록하면 회원가입비나 연회비 등의 조건 없이 여행자에게 숙소를 홍보할 수 있으며, 1박당 요금도 직접 결정할 수 있다. 성수기, 주말, 특정일에 더 높은 요금을 받고 싶다면 맞춤 요금을 설정할 수 있고, 추가 게스트 수수료나 청소비 등의 수수료를 부과하고 숙소 페이지에 안내할 수도 있다. 에어비앤비 숙소 등록이 완료되면, 게스트의 예약 문의와 예약을 받을 수 있다.

호스트가 제때 대금을 수령할 수 있도록 에어비앤비는 게스트 체크인 이전에 요금을 청구하며, 호스트가 직접 결제를 처리할 필요는 없고 계좌이체 또는 페이팔 등 원하는 대금수령 방법을 선택할 수 있다. 지역마다 법규에 따라 제한될 수 있으므로 에어비앤비에 등록하거나 호스팅을 시작하기 전에는 호스팅 가능 여부를 확인할 필요가 있다.

한편, '숙소 호스트' 외에 자신의 취미나 전문지식을 현지인과 여행자와 공유하는 '체험 호스트'와 별자리 점, 소믈리에가 진행하는 와인 테이스팅 세션, 드래그 퀸과 함께하는 빙고 게임 등 줌을 통해 호스팅하는 '온라인 체험 호스트'도 있다.

2년여 전, 이 책을 처음 쓰기 시작할 때는 본래 이런 내용이 아니었다. 중고책 부업을 통해 체험하고 깨달은 것들, 부업을 하겠다고 성급히 덤볐다가 돈만 날린 부끄러운 경험들을 '부업이 희망이다'는 절실한 메시지 안에 에세이식으로 담았었다. 인생 버킷리스트의 하나로 무조건 책을 내고 싶다는 소망도 뒤섞여 원고는 나의 부업전선 분투기로 구구절절했다. 출판사를 만난 것은 코로나 초기 작년 4월이었다. 금세 끝날 것 같던 코로나가 하염없이 길어지면서 오프라인 기반의 중고책을 블로그에서 홍보하고 중고책 판매사이트와 중고나라, 당근마켓, 알라딘 등에서 팔던 나의 부업도 점점 낡은 것이 되어갔다.

코로나의 지속으로 세상은 너무나 빠르게 또 정신없이 디지털세계로 옮겨갔다. 형광등을 교체할 때 부르던 동네 철물점 아저씨는 애니맨 앱을 통해 불러야 했다. 온/오프라인의 경계에 서 있던 나의 부업 역시 디지털 쪽으로 급속히 넘어가야 함을 느꼈고 다급하게 이것저것 공부하기 시작했다. 과거 방식들은 너무 빨리 구닥다리가 되어갔다. 결국 출판사는 팬데믹이 불러온 시대적 변화가 직업 및 부업의 세계를 급속히 재편하고 더 깊이 파고들 것이라며 원고의 기획부터 구성, 목차까지 시대에 맞게 완전히 바꿔보자고 했다. 토마스 울프의 원고를 300페이지나 잘라버리고 시뻘겋게 줄을 그어나가던 영화 지니어스의 편집자처럼, 나의 원고는 그야말로 부업러로서의 끈기와 성실함이라는 '진정성'만 남긴 채 송두리째 다시 구성되고 다시 씌어져야 했다. 1년 3개월의 시간 동안 출판사와 함께 참 많은 이야기를 나누었고, 퇴근 후와 주말 시간을 원고와 씨름했다.

재구성된 뼈대에 옷을 입히고 열매를 붙이는 그 방대하고 정밀한 과정들은 절대 혼자서 한 일이 아니다. 혼자서 할 수도 없는 일이다. 기존 원고에서 필요한 부분만 가져오고 몇 번씩 구성에 맞게 다시 씌어졌고 수차례의 에디팅 과정을 거쳤으며, 필요에 따라 출판사의 보완이 있었다. 챕터에 맞는 생생한 사례들은 이미 디지털 부업의 세계에서 뿌리를 내리고 있거나, 아니면 0에서부터 시작해 1년여 만에 크고작은 성과를 거둔 초보 부업러들의 이야기로 출판사에서 직접 지인들에게 설문을 받아 원고작업을 도와주기도 했다. 수년간 부업을 해왔다 해도 경험적으로 한계가 있을 수밖에 없던 나를 지난 1년 이상 함께 하며 이끌어주고 도와주신 굿인포메이션 대표님과 연유나 편집장님께 진심으로 감사하다. 특히 연 편집장은 1년 가까이 한 꼭지 한 꼭지 원고가 쓰여질 때마다 보완했고, 본인의 지식과 노련한 경험으로 직접 원고를 손보기도 했다. 바쁜 가운데서도 인터뷰에 흔쾌히 응해 주시고 성실하게 답변해 주신 프로 부업러의 모범이신 모험디제이님, 다둥이맘으로 열정적으로 일하시는 노을님, 전직 국비학원 강사 P님, 프리랜서 프로라방러 K님, 그야 말로 프로 N잡러 별나님, 전역 후 1년 넘는 기간 안에 온라인 세계를 종횡무진하신 경험을 나눠주신 짬누나님, 자갈치건어야님 등 많은 분들께 이 지면을 빌어 다시 한 번 깊은 감사를 드린다.

또한 지난 몇 년 동안 묵묵히 남편의 뒷바라지를 하며 내조해준 아내와 예쁜 숙녀들로 자란 두 딸 영은이와 하은이, 사랑하는 가족들, 그리고 한국중고책창업협회 최선옥 대표님, 한국자동판매기운영업협동조합 윤영발 대표님과 이사진, 조합원 여러분의 응원도 감사하다. 출간을 앞두고 최종 교정하는 과정에서 원고에 소개된 업체가 갑자기 서비스를 중단한다는 메시지를 받는 당황스러운 해프닝도 있었다. 마지막까지 사라지거나 등장하는 새로운 디지털 부업들이 눈에 밟히지만 지금 시대에 꼭 필요한 것들만 모아보려 하였다. 혹여 사라진 앱이 있더라도 빠르게 변화하는 디지털 세상을 모아놓는 것에 의의를 두고 싶다.

김진영